普通话
水平测试与语音训练

主　编◎刘彩蓉　朱圣元

华中科技大学出版社
http://press.hust.edu.cn
中国·武汉

图书在版编目(CIP)数据

普通话水平测试与语音训练/刘彩蓉,朱圣元主编.—武汉:华中科技大学出版社,2018.8(2024.7重印)
 ISBN 978-7-5680-3994-9

Ⅰ.①普…　Ⅱ.①刘…　②朱…　Ⅲ.①普通话-口语-高等职业教育-教材　Ⅳ.①H193.2

中国版本图书馆 CIP 数据核字(2018)第 196628 号

普通话水平测试与语音训练　　　　　　　　　　　　　　　　刘彩蓉　朱圣元　主编
Putonghua Shuiping Ceshi yu Yuyin Xunlian

策划编辑:	张　毅
责任编辑:	张　毅
封面设计:	廖亚萍
责任监印:	朱　玢

出版发行:华中科技大学出版社(中国·武汉)　　电话:(027)81321913
　　　　　武汉市东湖新技术开发区华工科技园　　邮编:430223

录　　排:新漾图文
印　　刷:武汉邮科印务有限公司
开　　本:710mm×1000mm　1/16
印　　张:12
字　　数:235 千字
版　　次:2024 年 7 月第 1 版第 5 次印刷
定　　价:38.00 元

本书若有印装质量问题,请向出版社营销中心调换
全国免费服务热线:400-6679-118　竭诚为您服务
版权所有　侵权必究

序——给考生的一封信

亲爱的考生:

你好!

当你准备报名参加国家普通话水平测试时,你一定希望能顺利通过考试,取得理想的成绩,相信每一个考生都有这样一个愿望。可是,有的考生反复考试,依然通过不了二级甲等,甚至是二级乙等。国家对不同专业的学生和不同行业的从业人员的普通话水平有不同的要求,如何顺利通过测试并达标呢?你们需要明白并践行以下几点:

1. 投入时间

有一句歌词写得好,"没有人能随随便便成功",既然报名参加考试,就要端正态度,认真准备,保证每天有足够的练习时间。普通话学习不是一个抽象的概念,而是一件很具体的事:3500个常用汉字要字字认识,并且能准确读出;指定的60篇朗读作品要滚瓜烂熟,并且能带有感情地朗读出来;30个说话题目要逐一列好提纲,并且反复练习直到表达流畅为止……这些都需要时间做基本保障,需要你每天挤出时间进行训练。

2. 训练口耳

普通话是口耳之学。所谓"工欲善其事,必先利其器",你首先得把自己的耳朵练灵敏,把唇舌练灵活。你可以多看中央电视台的《新闻联播》或多听中央人民广播电台的节目,熟悉普通话的语音,建立普通话的语感。当你能有意识地分辨不同语音之间的差别时,你的耳朵就非常灵敏了。接着,嘴巴需要动起来,去模仿这些语音。刚开始,你可能会觉得唇舌仿佛不是自己的,僵硬得不行,因为它们压根儿不听你使唤,仍处于你说方言时的运动模式呢。不过没关系,这只是一个发音习惯而已,只要你会单独发准普通话的声、韵、调,就能练好普通话。你要做的就是把唇舌练灵活,让它平翘自然,伸缩自如。

3. 找准难点

此外,还要弄清学习的难点,有针对性地进行训练。你得明白自己的语音与普通话语音的差别究竟在哪里。如果是平翘不分,究竟是把哪些翘舌音说成了平舌音,还是把哪些平舌音说成了翘舌音。如果是鼻边音不分,究竟是不会发鼻音或边音,还是把哪几个鼻边音弄混淆了?如果是声调的问题,那"阴、阳、上、去"四声究竟是哪一个声调有缺陷呢?这正如求医治病需要对症下药一般,要落实到每一个具体的字音,不可抽象和空泛。通过对比,明白你的难点之后,要有针对性地进行训练,不要眉毛胡子一把抓。否则,看似会的永远不准确,不会的永远不会。你还要做个有心人,将容易读错的字词一个一个摘抄下来,如同背英语单词一样,反复记忆、练习并且运用,时间久了,就会有进步。

4. 利用工具

在今天这样一个信息化时代,各种工具、各种软件都可以助你一臂之力。要学会"善假于物",利用好各种普通话学习的工具。例如:手机的录音功能可以帮助你发现语音问题,科大讯飞的语音输入法可以检验你的普通话标准程度,还有畅言网站、喜马拉雅手机软件和懒人听书(软件中有60篇朗读作品语音)等,这些工具都可以帮助你学好普通话。

5. 持之以恒

要有"不怕嘲笑,持之以恒"的精神。在学习过程中,可能会出现一些困难或闹一些笑话,但不能因此而退缩。相反,要知难而进,持之以恒,把困难和他人的笑语变作自己学习的动力。"只要功夫深,铁杵磨成针",只要你善于聆听,敏于分辨,勤于训练,相信不久的将来,你一定会顺利通过考试,并取得令你满意的成绩。

本书由刘彩蓉、朱圣元主编。全书分为两篇,第一篇是普通话水平测试简介,第二篇是普通话语音训练,这一部分内容根据国家普通话水平测试的四大题型由浅入深展开:项目一是读单音节字词训练,项目二是读多音节词语训练,项目三是朗读短文训练,项目四是命题说话训练。本书附有模拟试题及答案,在学完各项基础训练后,可以帮助考生检验自己的学习效果。

我们相信,只要你能将本书中的训练项目练熟读准,你将会顺利通过普通话水平测试,取得理想的成绩。祝你考试成功!

编 者

2018年5月

目 录

第一篇 普通话水平测试简介 ·· (1)
  普通话水平测试大纲 ·· (3)
  普通话水平测试等级标准 ·· (7)
  计算机辅助普通话水平测试流程 ··· (8)

第二篇 普通话语音训练 ·· (13)

项目一 读单音节字词训练 ·· (15)
  模块1 声调训练 ·· (16)
  模块2 声母训练 ·· (20)
  模块3 韵母训练 ·· (28)
  模块4 读单音节字词综合训练 ··· (41)

项目二 读多音节词语训练 ·· (51)
  模块1 词语的轻重音格式训练 ··· (52)
  模块2 词语的变调训练 ·· (54)
  模块3 词语的轻声训练 ·· (57)
  模块4 词语的儿化训练 ·· (60)
  模块5 读多音节词语综合训练 ··· (62)

项目三 朗读短文训练 ·· (65)
  模块1 "啊"的音变训练 ·· (66)
  模块2 朗读技巧训练 ··· (67)
  模块3 朗读短文综合训练 ··· (72)

项目四　命题说话训练 ……………………………………………………(166)

模块1　命题说话技巧 …………………………………………………(168)
模块2　话题训练方法 …………………………………………………(169)
模块3　命题说话综合训练 ……………………………………………(171)

附录　模拟试题及答案 …………………………………………………(174)

参考文献 …………………………………………………………………(185)

第一篇　普通话水平测试简介

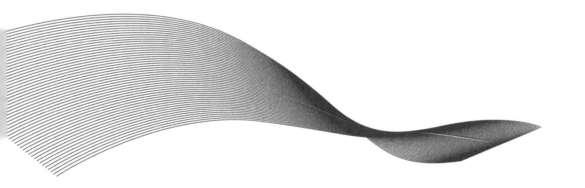

普通话水平测试大纲

普通话水平测试大纲

根据教育部、国家语言文字工作委员会发布的《普通话水平测试管理规定》《普通话水平测试等级标准》,制定本大纲。

一、测试的名称、性质、方式

本测试定名为"普通话水平测试"(PUTONGHUA SHUIPING CESHI,缩写为PSC)。

普通话水平测试测查应试人的普通话规范程度、熟练程度,认定其普通话水平等级,属于标准参照性考试。本大纲规定测试的内容、范围、题型及评分系统。

普通话水平测试以口试方式进行。

二、测试内容和范围

普通话水平测试的内容包括普通话语音、词汇和语法。

普通话水平测试的范围是国家测试机构编制的《普通话水平测试用普通话词语表》《普通话水平测试用普通话与方言词语对照表》《普通话水平测试用普通话与方言常见语法差异对照表》《普通话水平测试用朗读作品》《普通话水平测试用话题》。

三、试卷构成和评分

试卷包括5个组成部分,满分为100分。

(一)读单音节字词(100个音节,不含轻声、儿化音节),限时3.5分钟,共10分。

1.目的

测查应试人声母、韵母、声调读音的标准程度。

2.要求

(1)100个音节中,70%选自《普通话水平测试用普通话词语表》"表一",30%选自"表二"。

(2)100个音节中,每个声母出现次数一般不少于3次,每个韵母出现次数一般不少于2次,4个声调出现次数大致均衡。

(3)音节的排列要避免同一测试要素连续出现。

3.评分

(1)语音错误,每个音节扣0.1分。

(2)语音缺陷,每个音节扣0.05分。

(3)超时1分钟以内,扣0.5分;超时1分钟以上(含1分钟),扣1分。

(二)读多音节词语(100个音节),限时2.5分钟,共20分。

1.目的

测查应试人声母、韵母、声调和变调、轻声、儿化读音的标准程度。

2.要求

(1)词语的70%选自《普通话水平测试用普通话词语表》"表一",30%选自"表二"。

(2)声母、韵母、声调出现的次数与读单音节字词的要求相同。

(3)上声与上声相连的词语不少于3个,上声与非上声相连的词语不少于4个,轻声不少于3个,儿化不少于4个(应为不同的儿化韵母)。

(4)词语的排列要避免同一测试要素连续出现。

3.评分

(1)语音错误,每个音节扣0.2分。

(2)语音缺陷,每个音节扣0.1分。

(3)超时1分钟以内,扣0.5分;超时1分钟以上(含1分钟),扣1分。

(三)选择判断[注],限时3分钟,共10分。

1.词语判断(10组)

(1)目的:测查应试人掌握普通话词语的规范程度。

(2)要求:根据《普通话水平测试用普通话与方言词语对照表》,列举10组普通话与方言意义相对应但说法不同的词语,由应试人判断并读出普通话的词语。

(3)评分:判断错误,每组扣0.25分。

2.量词、名词搭配(10组)

(1)目的:测查应试人掌握普通话量词和名词搭配的规范程度。

(2)要求:根据《普通话水平测试用普通话与方言常见语法差异对照表》,列举10个名词和若干量词,由应试人搭配并读出符合普通话规范的10组名量短语。

(3)评分:搭配错误,每组扣0.5分。

3.语序或表达形式判断(5组)

(1)目的:测查应试人掌握普通话语法的规范程度。

(2)要求:根据《普通话水平测试用普通话与方言常见语法差异对照表》,列举5组普通话和方言意义相对应,但语序或表达习惯不同的短语或短句,由应试人判断并读出符合普通话语法规范的表达形式。

(3)评分:判断错误,每组扣0.5分。

选择判断合计超时1分钟以内,扣0.5分;超时1分钟以上(含1分钟),扣1分。答题时语音错误,每个音节扣0.1分,如判断错误已经扣分,不重复扣分。

(四)朗读短文(1篇,400个音节),限时4分钟,共30分。

1.目的

测查应试人使用普通话朗读书面作品的水平。在测查声母、韵母、声调读音标准程度的同时,重点测查连读音变、停连、语调以及流畅程度。

2.要求

(1)短文从《普通话水平测试用朗读作品》中选取。

(2)评分以朗读作品的前400个音节(不含标点符号和括注的音节)为限。

3.评分

(1)每错1个音节,扣0.1分;漏读或增读1个音节,扣0.1分。

(2)声母或韵母的系统性语音缺陷,视程度扣0.5分、1分。

(3)语调偏误,视程度扣0.5分、1分、2分。

(4)停连不当,视程度扣0.5分、1分、2分。

(5)朗读不流畅(包括回读),视程度扣0.5分、1分2分。

(6)超时扣1分。

(五)命题说话,限时3分钟,共30分。

1.目的

测查应试人在无文字凭借的情况下说普通话的水平,重点测查语音标准程度、词汇语法规范程度和自然流畅程度。

2.要求

(1)说话话题从《普通话水平测试用话题》中选取,由应试人从给定的两个话题中选定1个话题,连续说一段话。

(2)应试人单向说话。如发现应试人有明显背稿、离题、说话难以继续等表现时,主试人应及时提示或引导。

3.评分

(1)语音标准程度,共20分。分六档:

一档:语音标准,或极少有失误。扣0分、0.5分、1分。

二档:语音错误在10次以下,有方音但不明显。扣1.5分、2分。

三档:语音错误在10次以下,但方音比较明显;或语音错误在10次~15次之间,有方音但不明显。扣3分、4分。

四档:语音错误在10次~15次之间,方音比较明显。扣5分、6分。

五档:语音错误超过15次,方音明显。扣7分、8分、9分。

六档:语音错误多,方音重。扣10分、11分、12分。

(2)词汇语法规范程度,共5分。分三档:

一档:词汇、语法规范。扣0分。

二档:词汇、语法偶有不规范的情况。扣0.5分、1分。

三档:词汇、语法屡有不规范的情况。扣2分、3分。

(3)自然流畅程度,共5分。分三档:

一档:语言自然流畅。扣0分。

二档:语言基本流畅,口语化较差,有背稿子的表现。扣0.5分、1分。

三档:语言不连贯,语调生硬。扣2分、3分。

说话不足3分钟,酌情扣分:缺时1分钟以内(含1分钟),扣1分、2分、3分;缺时1分钟以上,扣4分、5分、6分;说话不满30秒(含30秒),本测试项成绩计为0分。

四、应试人普通话水平等级的确定

国家语言文字工作部门发布的《普通话水平测试等级标准》是确定应试人普通话水平等级的依据。测试机构根据应试人的测试成绩确定其普通话水平等级,由省、自治区、直辖市以上语言文字工作部门颁发相应的普通话水平测试等级证书。

普通话水平划分为三个级别,每个级别内划分两个等次。其中:

97分及其以上,为一级甲等;

92分及其以上但不足97分,为一级乙等;

87分及其以上但不足92分,为二级甲等;

80分及其以上但不足87分,为二级乙等;

70分及其以上但不足80分,为三级甲等;

60分及其以上但不足70分,为三级乙等。

说明:各省、自治区、直辖市语言文字工作部门可以根据测试对象或本地区的实际情况,决定是否免测"选择判断"测试项。如免测此项,"命题说话"测试项的分值由30分调整为40分。评分档次不变,具体分值调整如下:

(1)语音标准程度的分值,由20分调整为25分。

一档:扣0分、1分、2分。

二档:扣3分、4分。

三档:扣5分、6分。

四档:扣7分、8分。

五档:扣9分、10分、11分。

六档:扣12分、13分、14分。

(2)词汇语法规范程度的分值,由5分调整为10分。

一档:扣0分。

二档:扣1分、2分。

三档:扣3分、4分。

(3)自然流畅程度,仍为5分,各档分值不变。

普通话水平测试等级标准

普通话水平测试等级标准(试行)

(国家语言文字工作委员会1999年5月12日颁布,人发[1999]46号)

一级

甲等　朗读和自由交谈时,语音标准,词语、语法正确无误,语调自然,表达流畅。测试总失分率在3%以内。

乙等　朗读和自由交谈时,语音标准,词语、语法正确无误,语调自然,表达流畅。偶然有字音、字调失误。测试总失分率在8%以内。

二级

甲等　朗读和自由交谈时,声韵调发音基本标准,语调自然,表达流畅。少数难点音(平翘舌音、前后鼻尾音等)有时出现失误。词语、语法极少有误。测试总失分率在13%以内。

乙等　朗读和自由交谈时,个别调值不准,声韵母发音有不到位现象。难点音较多(平翘舌音、前后鼻尾音、边鼻音、fu-hu、z-zh-j、送气不送气、i-u不分,保留浊塞音、浊塞擦音、丢介音、复韵母单音化等),失误较多。方言语调不明显。有使用方言词、方言语法情况。测试总失分率在20%以内。

三级

甲等　朗读和自由交谈时,声韵调发音失误较多,难点音超出常见范围,声调调值多不准。方言语调明显。词汇、语法有失误。测试总失分率在30%以内。

乙等　朗读和自由交谈时,声韵调发音失误较多,方言特征突出。方言语调明显。词汇、语法失误较多。外地人听其谈话有听不懂的情况。测试总失分率在40%以内。

各行业有关从业人员普通话合格标准

根据各行业的规定,有关从业人员的普通话水平达标要求如下:

(1)中小学及幼儿园、校外教育单位的教师,普通话水平不低于二级,其中语文教师不低于二级甲等,普通话语音教师不低于一级;高等学校的教师,普通话水平不低于三级甲等,其中现代汉语教师不低于二级甲等,普通话语音教师不低于一级;对外汉语教学教师,普通话水平不低于二级甲等。

(2)报考中小学、幼儿园教师资格的人员,普通话水平不低于二级。

(3)师范类专业以及各级职业学校的与口语表达密切相关专业的学生,普通话水平不低于二级。

(4)国家公务员,普通话水平不低于三级甲等。

(5)国家级和省级广播电台、电视台的播音员、节目主持人,普通话水平应达到一级甲等,其他广播电台、电视台的播音员、节目主持人的普通话达标要求按国家新闻出版广电总局的规定执行。

(6)话剧、电影、电视剧、广播剧等表演、配音演员,播音、主持专业和影视表演专业的教师、学生,普通话水平不低于一级。

(7)公共服务行业的特定岗位人员(如广播员、解说员、话务员等),普通话水平不低于二级甲等。

计算机辅助普通话水平测试流程

一、报到

(1)核对身份证、准考证。

(2)登记有误的信息。

二、候考

(1)身份识别(使用身份证识别仪)。

(2)采集指纹(一律采集考生右手大拇指指纹)。

(3)采集照片(此照片将用于普通话测试等级证书上)。

(4)系统自动编排测试批次,并随机抽取该考生机位号(此号将是考生备测时的座位号和测试时的机房号)。

(5)考生按批次集中,手机一律调成静音,所带随身物品全部集中保管,严禁将资料、手机、笔等带入备测室。

三、备测

在一间有视频监控的教室准备测试,时间为13分钟左右。建议如下:

(1)通读试卷前三项,重点应放在朗读短文上。

(2)选择自己比较擅长的说话题目,准备开场白以及提纲。

(3)稳定情绪,从容应考。

四、测试

1. 佩戴耳机

考生就座后戴上耳机(麦克风戴在左耳),话筒置于离嘴边左下角前方,不可用手捂着话筒。

2. 登录测试系统

考生按指纹后登录国家普通话水平智能测试系统。

3. 确认信息

进入系统后会出现考生的个人信息,核对无误后确认。

4. 试音

进入试音页面后,根据页面提示进行试音,如图1-1-1所示。

图1-1-1　试音页面

注意事项:

(1)留意屏幕右下方"音量提示"的音量显示条,用"适中"音量读出屏幕上的一行字。

(2)声音过大或过小都会影响录音效果。

(3)有两次试音机会。若第一次试音失败,屏幕上会有提示,请点击"确认"按钮后再试一次。若试音成功,页面会弹出提示框"请等待考场指令,准备考试"。

(4)考试过程中,音量应和试音时的音量保持一致。

5. 正式测试

测试第一题如图1-1-2所示。读完后请及时点击屏幕右下方的"下一题"按钮,进入第二题页面。

测试第二题、测试第三题的操作流程与第一题相同,如图1-1-3、图1-1-4所示。

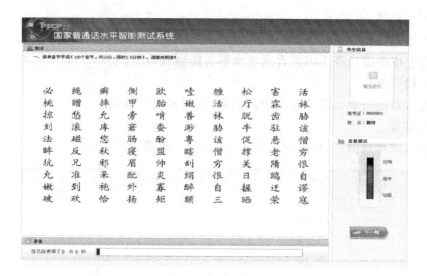

图 1-1-2　测试第一题

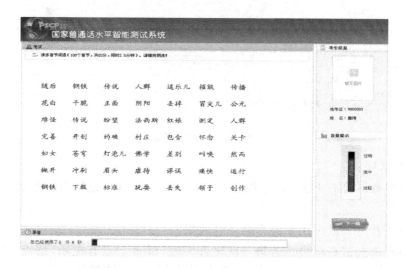

图 1-1-3　测试第二题

测试第四题必须说满 3 分钟,考生在说话之前需要选择说话的题目,如图 1-1-5 所示。

3 分钟后,无须保存,测试结束。考生摘下耳机,安静地离场。

注意事项:

(1)测试时,应按规定程序操作计算机。不要按动与测试操作无关的其他按钮,也不要拉扯各种连接线,以免出现影响录音的情况。

(2)测试前应尽量解决所有操作上的疑问,测试时不要说与测试内容无关的话。如遇问题,应举手示意,由考务人员前来处理。

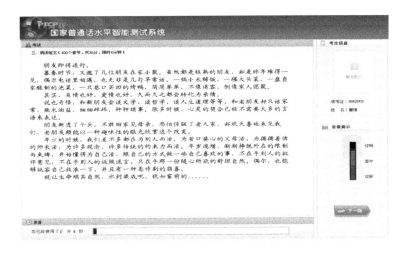

图 1-1-4 测试第三题

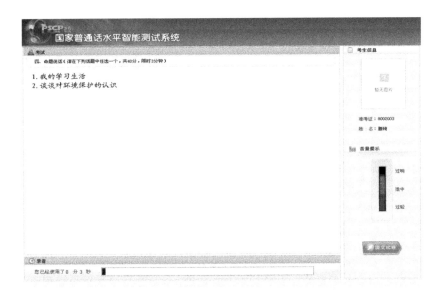

图 1-1-5 测试第四题

第二篇　普通话语音训练

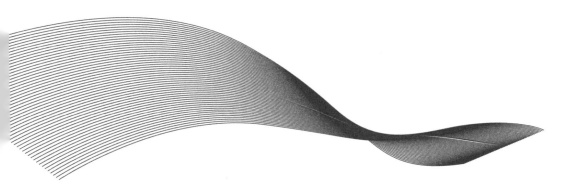

普通话语音训练 第二章

项目一
读单音节字词训练

【测试提示】

1. 横向从左到右依次朗读。
2. 不要漏字或跳行。
3. 碰到不认识的字不要跳过,要随便给个读音。
4. 每一个字都念本调,碰到多音字时,读出它其中的任何一个音即可。
5. 音量适中,语速适中,不要太快或太慢。

模块 1　声调训练

　　声调是一个音节高低升降的变化形式。普通话有四个声调,即阴平(55)、阳平(35)、上声(214)、去声(51),数字表示四个声调的调值。

一、声调训练要点

(1)单个字的声调要保持一定的音长,调值清晰饱满,不可短促。
(2)第三声要读全。
(3)注意四个声调的区别,读起来要抑扬顿挫。

二、训练材料

(1)阴平训练要点:起音高高一路平,声音不要往下掉。

星期 xīngqī	车间 chējiān	关心 guānxīn	通知 tōngzhī
谦虚 qiānxū	施工 shīgōng	新春 xīnchūn	终身 zhōngshēn
磋商 cuōshāng	攀登 pāndēng	公司 gōngsī	凄清 qīqīng
倾听 qīngtīng	收音机 shōuyīnjī	交通厅 jiāotōngtīng	
空心砖 kōngxīnzhuān		春天花开 chūntiānhuākāi	
江山多娇 jiāngshānduōjiāo		居安思危 jūānsīwēi	
挖空心思 wākōngxīnsī		声东击西 shēngdōngjīxī	

(2)阳平训练要点:由中到高往上升,声音中途不要拐弯。

红旗 hóngqí	和平 hépíng	灵活 línghuó	白云 báiyún
排球 páiqiú	才华 cáihuá	前途 qiántú	厨房 chúfáng
模型 móxíng	年龄 niánlíng	蝴蝶 húdié	频繁 pínfán
园林局 yuánlínjú	遗传学 yíchuánxué	形容词 xíngróngcí	
豪情昂扬 háoqíng'ángyáng		名存实亡 míngcúnshíwáng	
含糊其辞 hánhúqící		文如其人 wénrúqírén	

提示:阳平上不去,可借用阴平的高音辅助练习,即在阳平字后面,跟一个阴平字,举例如下:

| 前方 qiánfāng | 荷花 héhuā | 提高 tígāo |
| 迎接 yíngjiē | 长江 chángjiāng | 时间 shíjiān |

(3)上声训练要点:先降后升曲折调。

| 筛选 shāixuǎn | 钢笔 gāngbǐ | 清早 qīngzǎo | 申请 shēnqǐng |

搜索 sōusuǒ　　衰老 shuāilǎo　　填写 tiánxiě　　游泳 yóuyǒng
灵敏 língmǐn　　牛奶 niúnǎi　　情景 qíngjǐng　　从此 cóngcǐ
典礼 diǎnlǐ　　改口 gǎikǒu　　彼此 bǐcǐ　　理想 lǐxiǎng
保险 bǎoxiǎn　　指导 zhǐdǎo　　尽管 jǐnguǎn
党委处理 dǎngwěichǔlǐ　　岂有此理 qǐyǒucǐlǐ
理想美好 lǐxiǎngměihǎo　　打井引水 dǎjǐngyǐnshuǐ
展览 zhǎnlǎn　　领取 lǐngqǔ　　勇敢 yǒnggǎn　　蒙古语 ménggǔyǔ
好领导 hǎolǐngdǎo　　手写体 shǒuxiětǐ
五把雨伞 wǔbǎyǔsǎn

(4) 去声训练要点：高起猛降到底层。

技术 jìshù　　再见 zàijiàn　　现在 xiànzài　　事业 shìyè
训练 xùnliàn　　对立 duìlì　　教育 jiàoyù　　浪漫 làngmàn
利润 lìrùn　　另外 lìngwài　　绿化 lǜhuà　　现代化 xiàndàihuà
互助会 hùzhùhuì　对立面 duìlìmiàn　变幻莫测 biànhuànmòcè
意气用事 yìqìyòngshì　　创造世界 chuàngzàoshìjiè
见利忘义 jiànlìwàngyì　　日夜变化 rìyèbiànhuà

三、拓展训练

夫扶腐副 fūfúfǔfù　　　　　诗石史事 shīshíshǐshì
梯提体替 tītítǐtì　　　　　出雏楚处 chūchúchǔchù
慌黄谎晃 huānghuánghuǎnghuàng　撑城逞秤 chēngchéngchěngchèng
书熟属树 shūshúshǔshù　　　汪王网忘 wāngwángwǎngwàng
香翔想项 xiāngxiángxiǎngxiàng　轰红哄讧 hōnghónghǒnghòng
乌无五误 wūwúwǔwù　　　　迂鱼雨遇 yūyúyǔyù
温文稳问 wēnwénwěnwèn　　灰回悔会 huīhuíhuǐhuì

（一）阴阳上去

心明眼亮 xīnmíngyǎnliàng　　　山盟海誓 shānménghǎishì
兵强马壮 bīngqiángmǎzhuàng　　非常好记 fēichánghǎojì
风调雨顺 fēngtiáoyǔshùn　　　光明磊落 guāngmínglěiluò
高扬转降 gāoyángzhuǎnjiàng　　胸怀广阔 xiōnghuáiguǎngkuò
英雄好汉 yīngxiónghǎohàn　　　千锤百炼 qiānchuíbǎiliàn
诸如此类 zhūrúcǐlèi　　　　　阴阳上去 yīnyángshàngqù
酸甜苦辣 suāntiánkǔlà　　　　幡然悔悟 fānránhuǐwù

挑肥拣瘦 tiāoféijiǎnshòu　　吞云吐雾 tūnyúntǔwù
英明果断 yīngmíngguǒduàn　　身强体壮 shēnqiángtǐzhuàng
花红柳绿 huāhóngliǔlǜ　　中流砥柱 zhōngliúdǐzhù
心明眼亮 xīnmíngyǎnliàng　　精神百倍 jīngshénbǎibèi
天然宝藏 tiānránbǎozàng　　资源满地 zīyuánmǎndì

（二）去上阳阴

调虎离山 diàohǔlíshān　　去伪存真 qùwěicúnzhēn
暮鼓晨钟 mùgǔchénzhōng　　握手言欢 wòshǒuyánhuān
背井离乡 bèijǐnglíxiāng　　墨守成规 mòshǒuchéngguī
弄巧成拙 nòngqiǎochéngzhuō　　兔死狐悲 tùsǐhúbēi
智勇无双 zhìyǒngwúshuāng　　寿比南山 shòubǐnánshān
痛改前非 tònggǎiqiánfēi　　四海为家 sìhǎiwéijiā
异口同声 yìkǒutóngshēng　　驷马难追 sìmǎnánzhuī
逆水行舟 nìshuǐxíngzhōu　　大显神通 dàxiǎnshéntōng

（三）混合练习

革故鼎新 gégùdǐngxīn　　横冲直撞 héngchōngzhízhuàng
借花献佛 jièhuāxiànfó　　旷日持久 kuàngrìchíjiǔ
呕心沥血 ǒuxīnlìxuè　　轻描淡写 qīngmiáodànxiě
虚怀若谷 xūhuáiruògǔ　　趾高气扬 zhǐgāoqìyáng
忠言逆耳 zhōngyánnìěr　　水落石出 shuǐluòshíchū
得心应手 déxīnyìngshǒu　　无可非议 wúkěfēiyì
卓有成效 zhuóyǒuchéngxiào　　班门弄斧 bānménnòngfǔ
五光十色 wǔguāngshísè　　营私舞弊 yíngsīwǔbì

（四）对比练习

间隙 jiànxì — 见习 jiànxí　　歼击 jiānjī — 见机 jiànjī
矫正 jiǎozhèng — 校正 jiàozhèng　　雷击 léijī — 累积 lěijī
离异 líyì — 礼仪 lǐyí　　年景 niánjǐng — 念经 niànjīng
贫瘠 pínjí — 品级 pǐnjí　　平局 píngjú — 凭据 píngjù
栖息 qīxī — 奇袭 qíxí　　汽笛 qìdí — 启迪 qǐdí
劝解 quànjiě — 劝诫 quànjiè　　儒教 rújiào — 乳胶 rǔjiāo
鲜鱼 xiānyú — 闲语 xiányǔ　　佳节 jiājié — 假借 jiǎjiè

鸳鸯 yuānyāng — 远洋 yuǎnyáng　　展览 zhǎnlǎn — 湛蓝 zhànlán
题材 tícái — 体裁 tǐcái　　　　　医务 yīwù — 遗物 yíwù
心计 xīnjì — 心机 xīnjī — 心急 xīnjí
血型 xuèxíng — 血腥 xuèxīng — 血性 xuèxìng
景致 jǐngzhì — 精致 jīngzhì — 径直 jìngzhí
侵蚀 qīnshí — 寝室 qǐnshì — 琴师 qínshī
雨季 yǔjì — 预计 yùjì — 淤积 yūjī
战士 zhànshì — 展示 zhǎnshì — 战事 zhànshì
事实 shìshí — 实施 shíshī — 史诗 shǐshī
政变 zhèngbiàn — 争辩 zhēngbiàn — 整编 zhěngbiān
初期 chūqī — 出奇 chūqí — 出气 chūqì
管理 guǎnlǐ — 官吏 guānlì — 惯例 guànlì
估计 gūjì — 古迹 gǔjì — 顾及 gùjí
见解 jiànjiě — 间接 jiànjiē — 简洁 jiǎnjié
岩石 yánshí — 演示 yǎnshì — 掩饰 yǎnshì
地址 dìzhǐ — 地质 dìzhì — 抵制 dǐzhì
负数 fùshù — 附属 fùshǔ — 服输 fúshū
收拾 shōushi — 手势 shǒushì — 守时 shǒushí
膳食 shànshí — 闪失 shǎnshī — 善事 shànshì
小时 xiǎoshí — 消失 xiāoshī — 消逝 xiāoshì
情形 qíngxíng — 清醒 qīngxǐng — 庆幸 qìngxìng
申请 shēnqǐng — 神情 shénqíng — 深情 shēnqíng
姿势 zīshì — 子时 zǐshí — 自恃 zìshì
知道 zhīdào — 指导 zhǐdǎo — 直到 zhídào
估计 gūjì — 顾及 gùjí — 古籍 gǔjí
结局 jiéjú — 拮据 jiéjū — 借据 jièjù

(五)绕口令练习

(1)蓝衣布履刘兰柳,布履蓝衣柳兰流。兰柳拉犁来犁地,兰流播种来拉耧。

(2)路东住着刘小柳,路南住着牛小妞。刘小柳拿着大皮球,牛小妞抱着大石榴。刘小柳把大皮球送给牛小妞,牛小妞把大石榴送给刘小柳。

(3)老师老是叫老史去捞石,老史老是没有去捞石。老史老是骗老师,老师老是说老史不老实。

模块2 声母训练

声母是音节开头的部分,普通话有21个辅音声母,1个零声母,不同的声母是由不同的发音部位和发音方法决定的。发音部位,指气流受到阻碍的位置。发音方法,指阻碍气流和解除阻碍的方式、气流的强弱及声带是否颤动等。

发音器官示意图如图2-1-1所示。

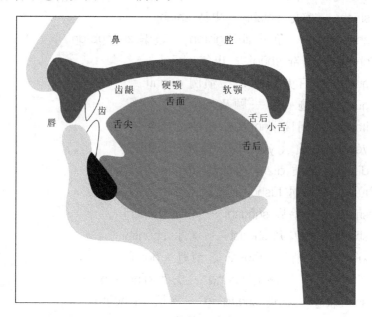

图2-1-1 发音器官示意图

声母按发音部位分类如下。
(1)双唇音(上、下唇):b、p、m。
(2)唇齿音(上齿、下唇):f。
(3)舌尖前音(舌尖、上齿背):z、c、s。
(4)舌尖中音(舌尖、上齿龈):d、t、n、l。
(5)舌尖后音(舌尖、硬腭前部):zh、ch、sh、r。
(6)舌面音(舌面前部、硬腭):j、q、x。
(7)舌根音(舌根、软腭):g、k、h。

一、双唇音 b、p、m

双唇音发音器官示意图如图2-1-2所示。

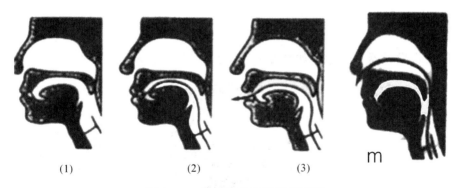

图 2-1-2 双唇音发音器官示意图

(一)双唇音发音要点

(1)b:发音时,双唇闭合,软腭上升,堵塞鼻腔通路,气流到达双唇后蓄气;凭借积蓄在口腔中的气流冲破双唇的阻碍,爆发成声,声带不颤动。

举例如下:摆渡 bǎidù、标兵 biāobīng、褒贬 bāobiǎn、辨别 biànbié、冰雹 bīngbáo、奔波 bēnbō。

(2)p:发音的状况与 b 相近,只是发 p 时有一股较强的气流冲开双唇声门,(声带开合处)大开,从肺部呼出一股较强气流成声。

举例如下:批评 pīpíng、偏旁 piānpáng、匹配 pǐpèi、乒乓 pīngpāng、铺平 pūpíng、品评 pǐnpíng。

(3)m:发音时,双唇闭合,软腭下降,声带振动,气流同时到达口腔和鼻腔,到口腔双唇后受到阻碍,气流从鼻腔透出成声。

举例如下:面貌 miànmào、麦苗 màimiáo、眉目 méimù、命名 mìngmíng、牧民 mùmín、明媚 míngmèi。

(二)绕口令练习

(1)八百标兵奔北坡,炮兵并排北边跑。炮兵怕把标兵碰,标兵怕碰炮兵炮。

(2)巴老爷有八十八棵芭蕉树,来了八十八个把式要在巴老爷八十八棵芭蕉树下住。巴老爷拔了八十八棵芭蕉树,不让八十八个把式在八十八棵芭蕉树下住。八十八个把式烧了八十八棵芭蕉树,巴老爷在八十八棵树边哭。

(3)白庙外蹲一只白猫,白庙里有一顶白帽。白庙外的白猫看见了白帽,叼着白庙里的白帽跑出了白庙。

(4)爸爸抱宝宝,跑到布铺买布做长袍,宝宝穿了长袍不会跑。布长袍破了还要用布补,再跑到布铺买布补长袍。

二、唇齿音 f

唇齿音发音器官示意图如图 2-1-3 所示。

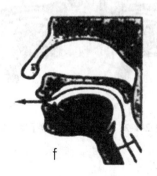

图 2-1-3　唇齿音发音器官示意图

(一)唇齿音发音要点

f:发音时,下唇接近上齿,形成窄缝,气流从唇齿间摩擦出来,声带不颤动。
举例如下:丰富 fēngfù、奋发 fènfā、仿佛 fǎngfú、肺腑 fèifǔ、反复 fǎnfù、芬芳 fēnfāng。

(二)绕口令练习

(1)一座棚傍峭壁旁,峰边喷泻瀑布长,不怕暴雨瓢泼冰雹落,不怕寒风扑面雪飘扬。并排分班翻山攀坡把宝找。聚宝盆里松柏飘香百宝藏,背宝奔跑报矿炮劈山,篇篇捷报飞伴金凤凰。

(2)丰丰和芳芳上街买混纺,红混纺、粉混纺、黄混纺,丰丰芳芳反复挑选,丰丰买了粉混纺,芳芳买了黄混纺。

三、舌尖前音 z、c、s

舌尖前音发音器官示意图如图 2-1-4 所示。

(一)舌尖前音发音要点

(1)z:发音时,舌尖平伸,抵住上齿背,软腭上升,堵塞鼻腔通路,声带不颤动,较弱的气流把阻碍冲开一条窄缝,从窄缝中挤出间,摩擦成声。
举例如下:祖宗 zǔzōng、自尊 zìzūn、罪责 zuìzé、总则 zǒngzé、宗族 zōngzú、最早 zuìzǎo。

(2)c:c 的发音和 z 的区别不大,不同的地方在于 c 发音时气流较强。

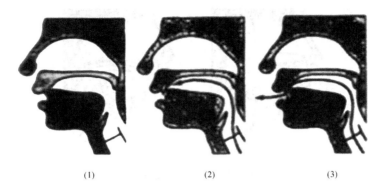

图 2-1-4　舌尖前音发音器官示意图

举例如下：猜测 cāicè、措辞 cuòcí、从此 cóngcǐ、参差 cēncī、层次 céngcì、残存 cáncún。

(3) s：发音时，舌尖接近上齿背，气流从窄缝中挤出，摩擦成声，声带不颤动。

举例如下：琐碎 suǒsuì、洒扫 sǎsǎo、色素 sèsù、搜索 sōusuǒ、松散 sōngsǎn、诉讼 sùsòng。

舌尖前音发音注意事项：

(1) 舌叶前部与上齿背接触面积大，带有噪声色彩或带有舌尖中音色彩。
(2) 舌尖没有与上齿背成阻，跑到两齿中间去了，形成"齿间音"。
(3) 舌尖与上齿背接触太紧，气流冲破阻碍时较困难，出现"丝丝"的声音。
(4) 舌尖翘起，舌面下凹，发出的音色与翘舌音相近。

(二) 绕口令练习

(1) 早晨早早起，早起做早操。人人做早操，做操身体好。
(2) 操场前面有三十三棵桑树，操场后面有四十四棵枣树。三嫂把三十三棵桑树认作枣树，四嫂把四十四棵枣树认作桑树。
(3) 三月三，小山练登山。三次上下山，连登三次山，跑了三里三，出了一身汗，湿了三件衫。

四、舌尖中音 d、t、n、l

舌尖中音发音器官示意图如图 2-1-5 所示。

(一) 舌尖中音发音要点

(1) d：发音时，舌尖抵住上齿龈，软腭上升，堵塞鼻腔通路，声带不颤动，较弱的气流冲破舌尖的阻碍，迸裂而出，爆发成声。

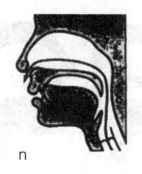 

图 2-1-5　舌尖中音发音器官示意图

举例如下：带动 dàidòng、达到 dádào、单调 dāndiào、道德 dàodé、担当 dāndāng、断定 duàndìng。

(2)t：发音的状况与 d 相近，只是 t 发音时气流较强。

举例如下：团体 tuántǐ、体贴 tǐtiē、探讨 tàntǎo、淘汰 táotài、抬头 táitóu、推托 tuītuō。

(3)n：发音时，舌尖抵住上齿龈，软腭下降，打开鼻腔通路，气流振动声带，从鼻腔通过。

举例如下：男女 nánnǚ、恼怒 nǎonù、能耐 néngnài、泥泞 nínìng、南宁 nánníng、牛奶 niúnǎi。

(4)l：发音时，舌尖抵住上齿龈，软腭上升，堵塞鼻腔通路，气流振动声带，从舌头两边通过。

举例如下：浏览 liúlǎn、流利 liúlì、来临 láilín、玲珑 línglóng、理论 lǐlùn、磊落 lěiluò。

(二)绕口令练习

(1)长扁担，短扁担，长扁担比短扁担长半扁担，短扁担比长扁担短半扁担。长扁担绑在短板凳上，短扁担绑在长板凳上。长板凳上不能绑比短扁担长半扁担的长扁担，短板凳也不能绑比长扁担短半扁担的短扁担。

(2)河边有棵柳，柳下一头牛，牛要去顶柳，柳条缠住牛。

(3)牛郎年年恋刘娘，刘娘连连念牛郎，牛郎恋刘娘，刘娘念牛郎，郎恋娘来娘恋郎。

(三)n 和 l 代表字类推

五、舌尖后音 zh、ch、sh、r

舌尖后音发音器官示意图如图 2-1-6 所示。

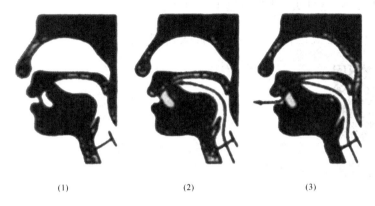

(1)　　　　　　　(2)　　　　　　　(3)

图 2-1-6　舌尖后音发音器官示意图

(二)舌尖后音发音要点

(1)zh:发音时,舌尖上翘,抵住硬腭前部,软腭上升,堵塞鼻腔通路,声带不颤动。较弱的气流把阻碍冲开一条窄缝,从窄缝中挤出,摩擦成声。

举例如下:终止 zhōngzhǐ、主张 zhǔzhāng、制止 zhìzhǐ、争执 zhēngzhí、周折 zhōuzhé、追逐 zhuīzhú。

(2)ch:发音的状况与 zh 相近,只是 ch 发音时气流较强。

举例如下:城池 chéngchí、抽查 chōuchá、唇齿 chúnchǐ、惩处 chéngchǔ、穿插 chuānchā、车床 chēchuáng。

(3)sh:发音时,舌尖上翘接近硬腭前部,留出窄缝,气流从缝间挤出,摩擦成声,声带不颤动。

举例如下:舒适 shūshì、手术 shǒushù、事实 shìshí、闪烁 shǎnshuò、硕士 shuòshì、设施 shèshī。

(4)r:发音状况与 sh 相近,只是声带要颤动。

举例如下:柔软 róuruǎn、忍让 rěnràng、荣辱 róngrǔ、软弱 ruǎnruò、仍然 réngrán、容忍 róngrěn。

(三)绕口令练习

(1)史老师,讲时事,常学时事长知识。时事学习看报纸,报纸登的是时事,心里装着天下事。

(2)知道就是知道，不知道就是不知道。不要知道说不知道，也不要不知道装知道。

(3)任命是任命，人名是人名，任命人名不能错，错了人名就下错了认命。

(4)日头热，热日头，日头不热不是日头。

（四）zh 和 z、ch 和 c、sh 和 s 代表字类推

六、舌面音 j、q、x

舌面音发音器官示意图如图 2-1-7 所示。

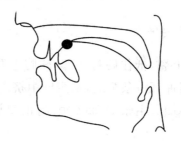

图 2-1-7　舌面音发音器官示意图

（一）舌面音发音要点

(1)j：发音时，舌尖轻轻放在下齿龈（背），舌面前部抵住硬腭前部，软腭上升堵塞鼻腔通路，声带不颤动，较弱的气流把阻碍冲开，形成一条窄缝，气流从窄缝中挤出，摩擦成声。

举例如下：即将 jíjiāng、借鉴 jièjiàn、季节 jìjié、讲解 jiǎngjiě、积极 jījí、经济 jīngjì。

(2)q：发音的状况与和 j 相近，只是 q 发音时气流较强。

举例如下：确切 quèqiè、轻巧 qīngqiǎo、情趣 qíngqù、齐全 qíquán、崎岖 qíqū、请求 qǐngqiú。

(3)x：发音时，舌尖轻轻放在下齿龈，舌面前部接近硬腭前部，留出窄缝，软腭上升，堵塞鼻腔通路，声带不颤动，气流从窄缝中挤出，摩擦成声。

举例如下：虚心 xūxīn、现象 xiànxiàng、选修 xuǎnxiū、先行 xiānxíng、相信

xiāngxìn、学习 xuéxí。

(二)绕口令练习

(1)七巷一个漆匠,西巷一个锡匠,七巷漆匠偷了西巷锡匠的锡,西巷锡匠偷了七巷漆匠的漆。

(2)一个孩子,拿双鞋子,看见茄子,放下鞋子,去拾茄子,忘了鞋子。

(3)稀奇稀奇真稀奇,麻雀踩死老田鸡,蚂蚁身长三尺六,八十岁的老头儿躺在摇篮里。

(4)七加一,七减一,加完减完等于几。七加一,七减一,加完减完还是七。

(5)司机买雌鸡,仔细看雌鸡,四只小雌鸡,叽叽好欢喜,司机笑嘻嘻。

七、舌根音 g、k、h

舌根音发音器官示意图如图 2-1-8 所示。

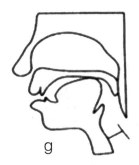 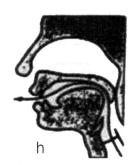

图 2-1-8 舌根音发音器官示意图

(一)舌根音发音要点

(1)g:发音时,舌根抵住软腭,软腭后部上升,堵塞鼻腔通路,声带不颤动,较弱的气流冲破舌根的阻碍,爆发成声。

举例如下:改革 gǎigé、高贵 gāoguì、光顾 guānggù、国歌 guógē、公共 gōnggòng、巩固 gǒnggù。

(2)k:音的状况与 g 相近,只是 k 发音时气流较强。

举例如下:开阔 kāikuò、慷慨 kāngkǎi、刻苦 kèkǔ、空旷 kōngkuàng、可靠 kěkào、夸口 kuākǒu。

(3)h:发音时,舌根接近软腭,留出窄缝,软腭上升,堵塞鼻腔通路,声带不颤动,气流从窄缝中摩擦出来。

举例如下：辉煌 huīhuáng、欢呼 huānhū、花卉 huāhuì、挥霍 huīhuò、航海 hánghǎi、黄河 huánghé。

（二）绕口令练习

（1）班干部让班干部管班干部，班干部管班干部。班干部不让班干部管班干部，班干部不管班干部。

（2）哥挎瓜筐过宽沟，赶快过沟看怪狗。光看怪狗瓜筐扣，瓜滚筐空哥怪狗。

（3）肖河会画画，画画画荷花。荷花画得好，活像活荷花。

（4）粉红墙上画凤凰，凤凰画在粉红墙。粉红凤凰，花凤凰，粉红凤凰飞下墙，墙上只剩花凤凰。

（5）哥哥过河捉只鸽，回家杀鸽来请客。客人唱歌吃鸽肉，哥哥请客乐呵呵。

模块 3　韵母训练

元音舌位图如图 2-1-9 所示。

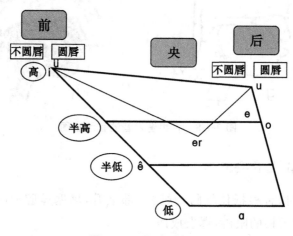

图 2-1-9　元音舌位图

一、单韵母

（一）舌面单韵母 a、o、e、i、u、ü、ê

（1）a：发音时，口腔大开，舌头前伸，微离下齿背，舌位低，舌头居中，舌面中部微微隆起和硬腭后部相对，唇形不圆，嘴唇呈自然状态。

举例如下：腊八 làbā、沙发 shāfā、发达 fādá、大厦 dàshà、妈妈 māma、哈达 hǎdá。

a 发音器官示意图如图 2-1-10 所示。

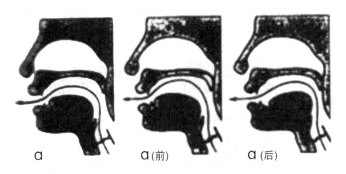

图 2-1-10　a 发音器官示意图

（2）o：发音时，口腔半合，舌位半高，舌身后缩，舌面后部隆起和软腭相对，上下唇自然拢圆。

举例如下：薄膜 bómó、规模 guīmó、观摩 guānmó、爬坡 pápō、摸索 mōsuǒ、破格 pògé。

o 发音器官示意图如图 2-1-11 所示。

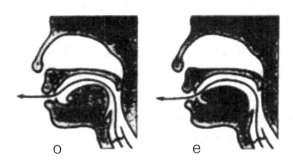

图 2-1-11　o、e 发音器官示意图

（3）e：发音时，口腔半闭，舌身后缩，舌面后部稍隆起和软腭相对，比元音 o 略高而偏前，唇形不圆。

举例如下：折射 zhéshè、隔阂 géhé、特色 tèsè、客车 kèchē、合辙 hézhé、苛刻 kēkè。

e 发音器官示意图如图 2-1-11 所示。

（4）ê：发音时，口腔半开，舌位半低，舌头前伸，舌尖抵住下齿背，使舌面前部隆起和硬腭相对，嘴角向两边自然展开，唇形不圆。ê 单用的机会不多，经常出现在 i、ü 的后面，书写要省去符号"∧"。

(5)i:发音时,口腔开度很小,舌头前伸,上下齿相对(齐齿),舌尖接触下齿背,使舌面前部隆起和硬腭前部相对。前舌面上升接近硬腭,气流通路狭窄,但不发生摩擦,嘴角向两边展开,呈扁平状。

举例如下:机器 jīqì、意义 yìyì、记忆 jìyì、提议 tíyì、笔记 bǐjì、汽笛 qìdí。

i发音器官示意图如图2-1-12所示。

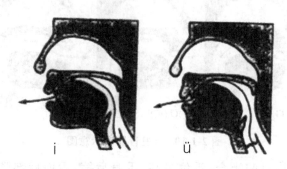

图 2-1-12　i发音器官示意图

(6)u:发音时,口腔开度很小,舌头后缩,后舌面上升接近硬腭,气流通路狭窄,但不发生摩擦,嘴唇拢圆成一小孔,略向前突出,舌面后部高度隆起,与软腭相对。

举例如下:幅度 fúdù、祝福 zhùfú、互助 hùzhù、粗鲁 cūlǔ、读书 dúshū、突出 tūchū。

(7)ü:发音时,口腔开度很小,舌头前伸,前舌面上升接近硬腭,但气流通过时不发生摩擦,嘴唇拢圆成一小孔。发音情况和i基本相同,区别是ü嘴唇是圆的,i嘴唇是扁的。

举例如下:须臾 xūyú、区域 qūyù、玉宇 yùyǔ、语句 yǔjù、豫剧 yùjù、雨具 yǔjù。

ü发音器官示意图如图2-1-12所示。

(二)舌尖单韵母-i(前)、-i(后)和卷舌韵母er

(1)-i(前):发音时,舌尖前伸,对着上齿背形成狭窄的通道,气流通过不发生摩擦,嘴唇向两过展开。用普通话念"私"并延长,字音后面的部分便是-i(前)。这个韵母只跟z、c、s配合,不和任何其他声母相拼,也不能自成音节。

举例如下:自私 zìsī、次子 cìzǐ、私自 sīzì、字词 zìcí、此次 cǐcì、恣肆 zìsì。

-i(前)发音器官示意图如图2-1-13所示。

(2)-i(后):发音时,舌尖上翘,对着硬腭形成狭窄的通道,气流通过不发生摩擦,嘴角向两边展开。用普通话念"师"并延长,字音后面的部分便是-i(后)。

这个韵母只跟 zh、ch、sh、r 配合,不与其他声母相拼,也不能自成音节。

举例如下:支持 zhīchí、日食 rìshí、知识 zhīshi、时事 shíshì、指示 zhǐshì、值日 zhírì。

-i(后)发音器官示意图如图 2-1-13 所示。

(3)er:发音时,口腔半开,开口度比 ê 略小,舌位居中,稍后缩,唇形不圆。在发 e 的同时,舌尖向硬腭轻轻卷起,不是先发 e,然后卷舌,而是发 e 的同时舌尖卷起。"er"中的 r 不代表音素,只是表示卷舌动作的符号。er 只能自成音节,不和任何声母相拼。

举例如下:儿 ér、而 ér、耳 ěr、二 èr、而 ér。

er 发音器官示意图如图 2-1-13 所示。

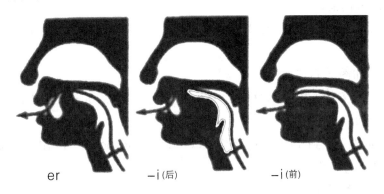

图 2-1-13　er、-i(前)、-i(后)发音器官示意图

二、复韵母

复韵母是复合元音构成的韵母,也就是由两个或三个元音构成的韵母。
复韵母的发音特点如下。
(1)从一个元音的舌位逐渐滑动到另一个元音的舌位。
(2)舌位、唇形要逐渐变动,自然连贯,形成整体。
(3)发音中各元音的响度不同,其中有一个元音读起来比较清晰、响亮。

(一)前响复韵母 ai、ei、ao、ou

(1)ai:发音时,先发 a,这里的 a 舌位靠前,念得长而响亮,然后舌位向 i 移动,不到 i 的高度。i 只表示舌位移动的方向,音短而模糊。

举例如下:爱戴 àidài、开采 kāicǎi、择菜 zháicài、外来 wàilái、买卖 mǎimai、海外 hǎiwài。

舌位图如图 2-1-14 所示。

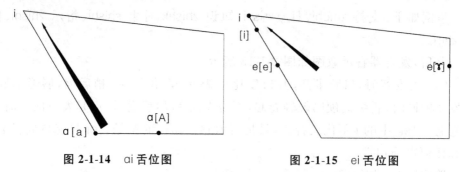

图 2-1-14　ai 舌位图　　　　图 2-1-15　ei 舌位图

(2)ei：发音时，先发 e，比单念 e 时舌位靠前一点，这里的 e 是个中央元音，然后向 i 的方向滑动。

举例如下：蓓蕾 bèilěi、黑煤 hēiméi、肥美 féiměi、违背 wéibèi、配备 pèibèi、非得 fēiděi。

舌位图如图 2-1-15 所示。

(3)ao：发音时，先发 a，这里的 a 舌位靠后，是个后元音，发得响亮，接着向 u 的方向滑动。

举例如下：报到 bàodào、草帽 cǎomào、懊恼 àonǎo、逃跑 táopǎo、早操 zǎocāo、高潮 gāocháo。

舌位图如图 2-1-16 所示。

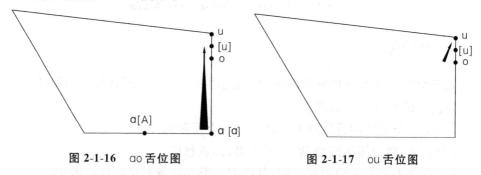

图 2-1-16　ao 舌位图　　　　图 2-1-17　ou 舌位图

(4)ou：发音时，先发 o，接着向 u 滑动，舌位不到 u 即停止发音。

举例如下：豆蔻 dòukòu、后头 hòutou、欧洲 ōuzhōu、丑陋 chǒulòu、收购 shōugòu、走漏 zǒulòu。

舌位图如图 2-1-17 所示。

(二)中响复韵母 iao、iou、uai、uei

(1)iao：发音时，舌位先降后升，由前到后，曲折幅度大，唇形从中间的元音

a 开始由不圆唇形变为圆唇。

举例如下：渺小 miǎoxiǎo、逍遥 xiāoyáo、巧妙 qiǎomiào、苗条 miáotiao、疗效 liáoxiào、吊销 diàoxiāo。

舌位图如图 2-1-18 所示。

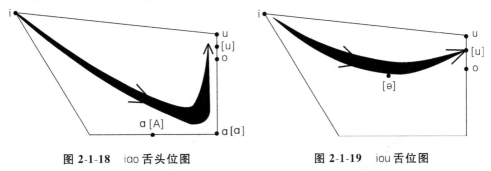

图 2-1-18　iao 舌头位图　　　　图 2-1-19　iou 舌位图

（2）iou：发音时，舌位先降后升，由前到后，曲折幅度大，唇形从央（略后）元音 e 逐渐变为圆唇。

举例如下：绣球 xiùqiú、牛油 niúyóu、优秀 yōuxiù、悠久 yōujiǔ、求救 qiújiù。

舌位图如图 2-1-19 所示。

（3）uai：发音时，舌位先降后升，由后到前，曲折幅度大，唇形从前元音 a 逐渐展唇。

举例如下：外快 wàikuài、摔坏 shuāihuài、怀揣 huáichuāi、乖乖 guāiguai、徘徊 páihuái。

舌位图如图 2-1-20 所示。

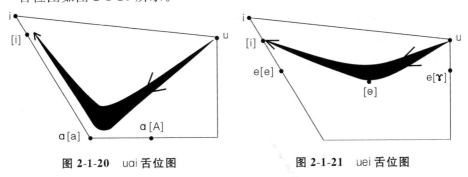

图 2-1-20　uai 舌位图　　　　图 2-1-21　uei 舌位图

（4）uei：发音时，舌位先降后升，由后到前，曲折幅度较大，唇形从 e 逐渐展唇。

举例如下：归罪 guīzuì、追随 zhuīsuí、退位 tuìwèi、回归 huíguī、汇兑 huìduì。

舌位图如图 2-1-21 所示。

(三)后响复韵母 ia、ie、ua、uo、üe

(1)ia:发音时,i 表示舌位起始的地方,发得轻短,很快滑向央低元音 a[A],a 发得长而响亮。

举例如下:加价 jiājià、假牙 jiǎyá、下架 xiàjià、加压 jiāyā、恰恰 qiàqià、压价 yājià。

舌位图如图 2-1-22 所示。

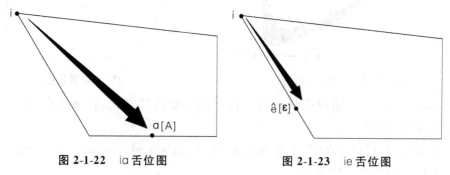

图 2-1-22　ia 舌位图　　　　　图 2-1-23　ie 舌位图

(2)ie:发音时,先发 i,很快发 ê,前音轻短,后音响亮。

举例如下:贴切 tiēqiè、结业 jiéyè、铁鞋 tiěxié、姐姐 jiějie、斜街 xiéjiē、趔趄 lièqie。

舌位图如图 2-1-23 所示。

(3)ua:发音时,u 发得轻短,很快滑向央低元音 a[A],a 发得清晰响亮。

举例如下:娃娃 wáwa、耍滑 shuǎhuá、花袜 huāwà、挂花 guàhuā、说话 shuōhuà、画画 huàhuà。

舌位图如图 2-1-24 所示。

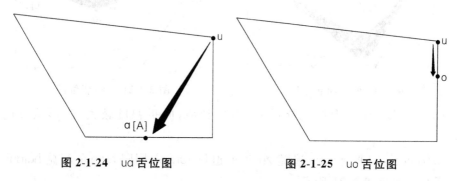

图 2-1-24　ua 舌位图　　　　　图 2-1-25　uo 舌位图

(4)uo:发音时,u 发得轻短,舌位很快降到 o,o 发得清晰响亮。

举例如下:懦弱 nuòruò、国货 guóhuò、骆驼 luòtuo、过错 guòcuò、脱落

tuōluò、做作 zuòzuo。

舌位图如图 2-1-25 所示。

(5)üe:发音时,先发高元音 ü,ü 发得轻短,舌位很快降到 ê,ê 发得清晰响亮。

举例如下:月缺 yuēquē、约略 yuēlüè、确切 quèqiè、雪夜 xuěyè、绝学 juéxué、决裂 juéliè。

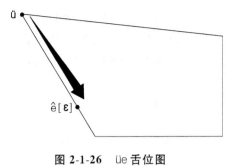

图 2-1-26　üe 舌位图

舌位图如图 2-1-26 所示。

三、鼻韵母

鼻韵母的发音特点如下:
(1)由口音逐渐转化成鼻音,由发元音的舌位逐渐转化成鼻辅音状态;
(2)一定要用鼻音收尾,而且是不除阻的鼻音。

(一)前鼻韵母 an、ian、uan、üan、en、in、uen、ün

(1)an:发音时,从 a[a]开始,舌面升高,舌面前部抵住硬腭前部,将要接触时,软腭下降,打开鼻腔通路,紧接着舌面前部于硬腭前部闭合,使在口腔受到阻碍的气流从鼻腔里透出。

举例如下:漫谈 màntán、难堪 nánkān、展览 zhǎnlǎn、感叹 gǎntàn、勘探 kāntàn、盘缠 pánchan。

舌位图如图 2-1-27 所示。

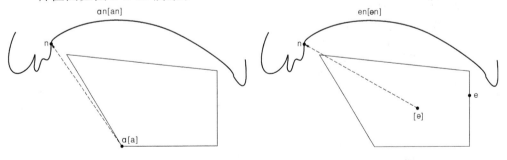

图 2-1-27　an 舌位图　　　　图 2-1-28　en 舌位图

(2)en:发音时,从央元音 e[ə]开始,舌面升高,舌面前部抵住硬腭前部,将要接触时,软腭下降,打开鼻腔通路,紧接着舌面前部与硬腭前部闭合,使在口腔受到阻碍的气流从鼻腔里透出。

举例如下:沉闷 chénmèn、深沉 shēnchén、根本 gēnběn、振奋 zhènfèn、认真 rènzhēn、审慎 shěnshèn。

舌位图如图 2-1-28 所示。

(3)in：发音时，先发 i，然后舌尖向上齿龈移动，抵住上齿龈，发鼻音 n。

举例如下：濒临 bīnlín、辛勤 xīnqín、拼音 pīnyīn、信心 xìnxīn、金银 jīnyín、亲近 qīnjìn。

舌位图如图 2-1-29 所示。

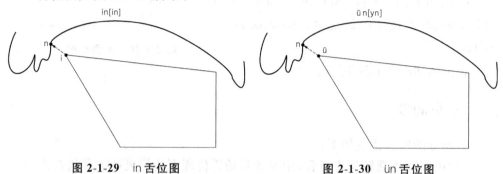

图 2-1-29　in 舌位图　　　　图 2-1-30　ün 舌位图

(4)ün：发音时，起点元音是前高圆唇元音 ü，与 in 的发音状况相同只是唇形变化不同，唇形从 ü 开始逐步展开，而 in 唇形始终展唇。

举例如下：军训 jūnxùn、均匀 jūnyún、逡巡 qūnxún、菌群 jūnqún、寻衅 xúnxìn、遵循 zūnxún。

舌位图如图 2-1-30 所示。

(5)ian：发音时，从前高元音 i 开始，舌位向前低元音 a[a]的方向滑降，舌位只降到前次低元音[æ]的位置就开始升高，直到舌面前部抵住硬腭前部形成鼻音 n。

举例如下：连绵 liánmián、偏见 piānjiàn、惦念 diànniàn、简练 jiǎnliàn、天线 tiānxiàn、简便 jiǎnbiàn。

舌位图如图 2-1-31 所示。

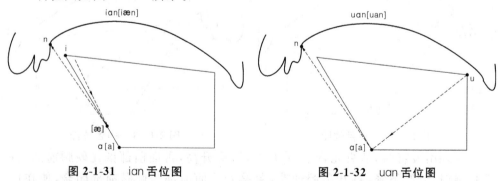

图 2-1-31　ian 舌位图　　　　图 2-1-32　uan 舌位图

(6)uan：发音时，由圆唇的后高元音 u 开始，口形迅速由合口变开口状，舌位向前迅速滑降到不圆唇的前低元音 a[a]，然后舌位升高，接续鼻音 n。

举例如下：传唤 chuánhuàn、婉转 wǎnzhuǎn、软缎 ruǎnduàn、贯穿

guànchuān、宦官 huànguān、专断 zhuānduàn。

舌位图如图 2-1-32 所示。

(7)uen：发音时，由圆唇的后高元音 u 开始，向央元音 e[ə]滑降，然后舌位升高，接续鼻音 n。

举例如下：温存 wēncún、温顺 wēnshùn、春笋 chūnsǔn、混沌 hùndùn、昆仑 kūnlún。

舌位图如图 2-1-33 所示。

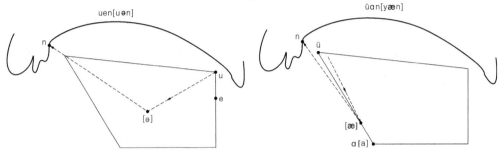

图 2-1-33　uen 舌位图　　　　图 2-1-34　üan 舌位图

(8)üan：发音时，由圆唇的后高元音 ü 开始，向前低元音 a[a]的方向滑降，舌位只降到前次低元音[æ]略后就开始升高，接续鼻音 n。

举例如下：渊源 yuānyuán、源泉 yuánquán、全权 quánquán、圆圈 yuánquān、轩辕 xuānyuán。

舌位图如图 2-1-34 所示。

(二)后鼻韵母 ang、iang、uang、eng、ing、ueng、ong、iong

(1)ang：发音时，先发 a[a]，舌头逐渐后缩，舌根抵住软腭，发后鼻音 ng，气流从鼻腔通过。

举例如下：苍茫 cāngmáng、商场 shāngchǎng、帮忙 bāngmáng、厂房 chǎngfáng、当场 dāngchǎng。

舌位图如图 2-1-35 所示。

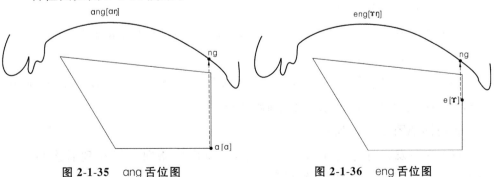

图 2-1-35　ang 舌位图　　　　图 2-1-36　eng 舌位图

（2）eng：发音时，先发 e[ɤ]，舌根向软腭移动，抵住软腭，发后鼻音 ng，气流从鼻腔通过。

举例如下：整风 zhěngfēng、丰盛 fēngshèng、承蒙 chéngméng、生成 shēngchéng、风筝 fēngzhēng。

舌位图如图 2-1-36 所示。

（3）ing：发音时，先发 i，舌头后缩，舌根抵住软腭，发后鼻音 ng，气流从鼻腔通过。

举例如下：姓名 xìngmíng、情形 qíngxíng、命令 mìnglìng、宁静 níngjìng、明星 míngxīng、平定 píngdìng。

舌位图如图 2-1-37 所示。

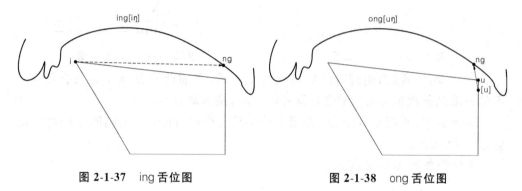

图 2-1-37　ing 舌位图　　　　　图 2-1-38　ong 舌位图

（4）ong：发音时，从后次高元音[u]开始，舌面后部贴向软腭。将要接触时，软腭下降，打开鼻腔通路，紧接着舌面后部抵住软腭，封闭了中腔通路，气流从鼻腔通过。

举例如下：隆重 lóngzhòng、工农 gōngnóng、轰动 hōngdòng、从容 cóngróng、空洞 kōngdòng、总统 zǒngtǒng。

舌位图如图 2-1-38 所示。

（5）iang：发音时，由前高元音 i 开始，舌位向后滑降到后低元音 a[ɑ]，然后舌位升高，接续后鼻音 ng。

举例如下：响亮 xiǎngliàng、想象 xiǎngxiàng、象样 xiàngyàng、向阳 xiàngyáng、亮相 liàngxiàng、洋姜 yángjiāng。

舌位图如图 2-1-39 所示。

（6）iong：发音时，由前高元音 i 开始，舌位向后略向下滑动到后次高元音[u]的位置，然后舌位升高，接续后鼻音 ng。

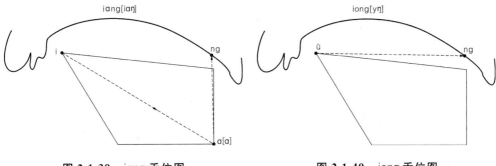

图 2-1-39　iang 舌位图　　　图 2-1-40　iong 舌位图

举例如下：汹涌 xiōngyǒng、贫穷 pínqióng、兄弟 xiōngdì、歌咏 gēyǒng、应用 yìngyòng。

舌位图如图 2-1-40 所示。

（7）uang：发音时，由圆唇的后高元音 u 开始，舌位滑降至后低元音 a[a]，然后舌位升高接续后鼻音 ng。

举例如下：狂妄 kuángwàng、状况 zhuàngkuàng、装潢 zhuānghuáng、闯王 chuǎngwáng、双簧 shuānghuáng。

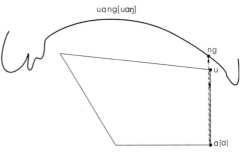

图 2-1-41　uang 舌位图

舌位图如图 2-1-41 所示。

（8）ueng：在普通话里，韵母 ueng 只有一种零声母的音节形式 weng。

举例如下：请君入瓮 qǐngjūnrùwèng、不倒翁 bùdǎowēng。

四、韵母难点音巩固训练

（一）前鼻音和后鼻音的不同

1.舌位不同

前鼻音 n，舌尖顶住上齿龈，不要松动，不要后缩。

后鼻音 ng，舌头后部高高隆起，舌根尽力后缩，抵住软腭。

2.口形不同

前鼻音 n，上、下门齿是相对的，口形较闭。

后鼻音 ng，上、下门齿离得远一点儿，口形较开。

3.音色不同

前鼻音 n，声音较尖细清亮。

后鼻音 ng，声音则浑厚响亮。

(二)分清前鼻韵母和后鼻韵母

1. 前鼻韵母

前鼻韵母发音窍门:归音动作要到位。

具体是发完元音后,舌尖要有意识地去顶住上齿龈背面。发音时唇形要小点,特别是 en、in 这两个音。

又如 in,i 向 n 滑动时,舌位不要后缩,舌面中后部不能隆起,舌尖直接上移直至贴住上齿龈。

2. 后鼻韵母

后鼻韵母发音窍门:发元音+舌根靠软腭。

例如:顶 dǐng、常 cháng、省 shěng、星 xīng、洪峰 hóngfēng、相等 xiāngděng、病情 bìngqíng、名称 míngchēng。

(三)读准前鼻音和后鼻音

an—ang

| 心烦—心房 | 散失—丧失 | 产房—厂房 | 小县—小巷 |

en—eng

| 陈旧—成就 | 真理—争理 | 申明—声明 | 木盆—木棚 |
| 清真—清蒸 | 终身—终生 | 瓜分—刮风 | 市镇—市政 |

in—ing

| 亲生—轻生 | 金质—精致 | 人民—人名 | 信服—幸福 |
| 金鱼—鲸鱼 | 红心—红星 | 弹琴—谈情 | 临时—零食 |

(四)绕口令练习

(1)山中有个洞,洞里有红灯,灯把洞照得通红通红。

(2)姓陈不能说成姓程,姓程不能说成姓陈。禾呈是程,耳东是陈。如果陈程不分就会认错人。

(3)对面过来一只船,这边漂去一张床,行到河中互相撞,不知是船撞床还是床撞船。

(五)en 和 eng、in 和 ing 代表字类推

模块4 读单音节字词综合训练

一、多音字训练

汉语里有很多多音字,在单音节字词测试项中,如果有多音字出现,读出其任一读音即可。在双音节字词、朗读短文、说话项测试中出现多音字,则要根据具体语境读出其读音。

二、异读字词训练

文白两读:一些字词有两个不同的读音,在两个读音后分别注明(文)或(语),前者指在书面用语中的读音,后者指在口语中的读音。常见的有"薄、剥、削、逮、给、嚼、壳、勒、露、蔓、翘、塞、(谁)奔"等。

三、统读字词训练

这里列出的是《普通话异读词审音表》中已经实现统读音的部分字词,考生应当熟练掌握。这些单音节字词,过去都有几个读音,如"迹",过去可以读 jī,也可以读 jì,现在保留一个读音,只能读 jì,如果读成 jī,则计错误。

癌 ái	埠 bù	缔 dì	隔 gé	醮 jiào	皿 mǐn
昂 áng	糙 cāo	跌 diē	鼓 gǔ	浸 jìn	闽 mǐn
凹 āo	阐 chǎn	订 dìng	犷 guǎng	俊 jùn	谬 miù
坳 ào	惩 chéng	多 duō	刽 guì	揩 kāi	馁 něi
胞 bāo	橙 chéng	咄 duō	褐 hè	拷 kǎo	嫩 nèn
鄙 bǐ	炽 chì	踱 duó	壑 hè	恪 kè	拈 niān
庇 bì	触 chù	帆 fān	讧 hòng	框 kuàng	呕 ǒu
遍 biàn	疵 cī	沸 fèi	桦 huà	缆 lǎn	畔 pàn
濒 bīn	赐 cì	敷 fū	浣 huàn	捞 lāo	坯 pī
波 bō	呆 dāi	拂 fú	迹 jì	敛 liǎn	披 pī
播 bō	档 dàng	辐 fú	绩 jì	劣 liè	匹 pǐ
帛 bó	导 dǎo	幅 fú	浃 jiā	拎 līn	僻 pì
醭 bú	蹈 dǎo	甫 fǔ	歼 jiān	掳 lǔ	剽 piāo
哺 bǔ	悼 dào	复 fù	缰 jiāng	娩 miǎn	颇 pō
捕 bǔ	堤 dī	缚 fù	较 jiào	渺 miǎo	剖 pōu

畦 qí	茹 rú	绥 suí	紊 wěn	肴 yáo	暂 zàn
骑 qí	辱 rǔ	髓 suǐ	诬 wū	舀 yǎo	凿 záo
杞 qǐ	啥 shá	索 suǒ	溪 xī	谊 yì	憎 zēng
洽 qià	摄 shè	凸 tū	袭 xí	荫 yìn	遮 zhē
潜 qián	娠 shēn	突 tū	弦 xián	映 yìng	辙 zhé
嵌 qiàn	蜃 shèn	颓 tuí	淆 xiáo	拥 yōng	诊 zhěn
怯 qiè	室 shì	蜕 tuì	哮 xiào	庸 yōng	脂 zhī
侵 qīn	淑 shū	臀 tún	械 xiè	踊 yǒng	指 zhǐ
噙 qín	菽 shū	危 wēi	馨 xīn	莠 yǒu	质 zhì
倾 qīng	疏 shū	微 wēi	癣 xuǎn	娱 yú	骤 zhòu
龋 qǔ	戍 shù	韦 wéi	穴 xué	愉 yú	逐 zhú
绕 rào	漱 shù	违 wéi	崖 yá	跃 yuè	拙 zhuō
妊 rèn	塑 sù	纬 wěi	亚 yà	酝 yùn	卓 zhuó

四、难读字训练

绺 liǔ	瞥 piē	黏 nián	撅 juē	幂 mì	蹿 cuān
噎 yē	冗 rǒng	掳 lǔ	咂 zā	胚 pēi	坯 pī
癖 pǐ	缫 sāo	磬 qìng	馨 xīn	秸 jiē	啮 niè
撂 liào	畦 qí	眸 móu	臻 zhēn	蔫 niān	衍 yǎn
靳 jìn	寅 yín	锉 cuò	佟 tóng	舜 shùn	穴 xué
粤 yuè	饷 xiǎng	揪 jiū	钡 bèi	氛 fēn	肋 lèi
痴 chī	垄 lǒng	簧 huáng	鬓 bìn	孽 niè	拨 bō
惩 chéng	凝 níng	仍 réng	铡 zhá	扼 è	窘 jiǒng
戳 chuō	囊 náng	舂 chōng	攫 jué	佯 yáng	拈 niān
僧 sēng	芯 xīn	沁 qìn	蕊 ruǐ	拎 līn	窖 jiào
允 yǔn	吮 shǔn	羹 gēng	拢 lǒng	苇 wěi	灸 jiǔ
谬 miù	镍 niè	溺 nì	簇 cù	妃 fēi	瞟 piǎo
砚 yàn	帆 fān	撰 zhuàn	凑 còu	掏 tāo	憎 zēng
癣 xuǎn	霎 shà	剖 pōu	涧 jiàn	躬 gōng	敛 liǎn
酉 yǒu	滨 bīn	薰 xūn	嫡 dí	滇 diān	恒 héng
窦 dòu	苑 yuàn	瑟 sè	蔑 miè	鳖 biē	盏 zhǎn
屯 tún	捏 niē	垒 lěi	膘 biāo	淤 yū	沾 zhān
庵 ān	抠 kōu	纂 zuǎn	攥 zuàn	汞 gǒng	呕 ǒu
髓 suǐ	踹 chuài	钳 qián	鼾 hān	绕 rào	蛹 yǒng
酥 sū	炯 jiǒng	倪 ní	脊 jǐ	酌 zhuó	券 quàn

镁 měi	贼 zéi	裘 qiú	僻 pì	蹭 cèng	霖 lín
诀 jué	疮 chuāng	蒸 zhēng	廓 kuò	吠 fèi	昧 mèi
汝 rǔ	冢 zhǒng	迸 bèng	鳌 áo	筛 shāi	钵 bō
揪 jiū	歼 jiān	厩 jiù	妄 wàng	辖 xiá	甫 fǔ
酶 méi	榻 tà	腭 è			

五、易错字词训练

a

挨紧 āi	挨饿受冻 ái	白雪皑皑 ái'ái
狭隘 ài	不谙水性 ān	熬菜 āo
煎熬 áo	鏖战 áo	拗断 ǎo
拗口令 ào		

b

哺育 bǔ	淡薄 bó	扳平 bān
同胞 bāo	炮羊肉 bāo	剥皮 bāo
薄纸 báo	停泊 bó	蓓蕾 bèilěi
奔波 bēn	投奔 bèn	迸发 bèng
包庇 bì	麻痹 bì	奴颜婢膝 bìxī
刚愎自用 bì	复辟 bì	濒临 bīn
针砭 biān	屏气 bǐng	摒弃 bìng
剥削 bōxuē	波涛 bō	菠菜 bō

c

粗糙 cāo	嘈杂 cáo	参差 cēncī
差错 chā	偏差 chā	差距 chā
搽粉 chá	猹 chá	刹那 chà
差遣 chāi	谄媚 chǎn	忏悔 chàn
徜徉 cháng	场院 cháng	赔偿 cháng
一场雨 cháng	绰起 chāo	风驰电掣 chè
瞠目结舌 chēng	乘势 chéng	惩前毖后 chéng
驰骋 chěng	痴呆 chī	痴心妄想 chī
白痴 chī	奢侈 chǐ	整饬 chì
炽热 chì	叱咤风云 chìzhà	忧心忡忡 chōngchōng
憧憬 chōngjǐng	崇拜 chóng	惆怅 chóuchàng
踌躇 chóuchú	相形见绌 chù	揣摩 chuǎi

椽子 chuán	创伤 chuāng	凄怆 chuàng
啜泣 chuò	辍学 chuò	宽绰 chuò
伺候 cì	烟囱 cōng	从容 cóng
淙淙流水 cóngcóng	一蹴而就 cù	璀璨 cuǐcàn
忖度 cǔnduó	蹉跎 cuōtuó	挫折 cuò
瑕疵 cī		

d

呆板 dāi	答应 dā	逮老鼠 dǎi
逮捕 dài	殚思竭虑 dān	虎视眈眈 dāndān
肆无忌惮 dàn	档案 dàng	当(本)年 dàng
追悼 dào	提防 dī	瓜熟蒂落 dì
缔造 dì	掂掇 diānduo	玷污 diàn
装订 dìng	订正 dìng	恫吓 dònghè
句读 dòu	兑换 duì	踱步 duó

e

阿谀 ēyú	婀娜 ēnuó	扼要 è

f

菲薄 fěibó	沸点 fèi	氛围 fēn
肤浅 fū	敷衍塞责 fū	仿佛 fú
凫水 fú	篇幅 fú	辐射 fú
果脯 fǔ	随声附和 fùhè	

g

准噶尔 gá	大动干戈 gē	诸葛亮 gě
脖颈儿 gěng	提供 gòng	供销 gōng
供给 gōngjǐ	供不应求 gōng	供认 gòng
口供 gòng	佝偻 gōulóu	勾当 gòu
骨朵儿 gū	骨气 gǔ	蛊惑 gǔ
商贾 gǔ	粗犷 guǎng	皈依 guī
瑰丽 guī	刽子手 guì	聒噪 guō

h

哈达 hǎ	尸骸 hái	稀罕 han
引吭高歌 háng	沆瀣一气 hàngxiè	干涸 hé
一丘之貉 hé	上颌 hé	喝彩 hè
负荷 hè	蛮横 hèng	飞来横祸 hèng

发横财 hèng	一哄而散 hòng	糊口 hú
囫囵吞枣 húlún	华山 huà	怙恶不悛 hù
豢养 huàn	病入膏肓 huāng	讳疾忌医 huì
诲人不倦 huì	阴晦 huì	污秽 huì
浑水摸鱼 hún	混淆 hùnxiáo	和泥 huó
搅和 huo	豁达 huò	霍乱 huò

J

茶几 jī	畸形 jī	羁绊 jī
羁旅 jī	放荡不羁 jī	无稽之谈 jī
跻身 jī	通缉令 jī	汲取 jí
即使 jí	开学在即 jí	疾恶如仇 jí
嫉妒 jí	棘手 jí	贫瘠 jí
狼藉 jí	一触即发 jí	脊梁 jǐ
人才济济 jǐjǐ	给予 jǐyǔ	觊觎 jì yú
成绩 jì	事迹 jì	雪茄 jiā
信笺 jiān	歼灭 jiān	草菅人命 jiān
缄默 jiān	渐染 jiān	眼睑 jiǎn
间断 jiàn	矫枉过正 jiǎo	缴纳 jiǎo
校对 jiào	开花结果 jiē	事情结果 jié
结冰 jié	反诘 jié	拮据 jiéjū
攻讦 jié	桔梗 jiégěng	押解 jiè
情不自禁 jīn	根茎叶 jīng	长颈鹿 jǐng
杀一儆百 jǐng	强劲 jìng	劲敌 jìng
劲旅 jìng	痉挛 jìngluán	抓阄 jiū
针灸 jiǔ	韭菜 jiǔ	内疚 jiù
既往不咎 jiù	狙击 jū	咀嚼 jǔjué
循规蹈矩 jǔ	矩形 jǔ	沮丧 jǔ
龃龉 jǔ yǔ	前倨后恭 jù	镌刻 juān
隽永 juàn	角色 jué	口角 jué
角斗 jué	角逐 jué	倔强 juéjiàng
崛起 jué	猖獗 jué	一蹶不振 jué
诡谲 jué	矍铄 juéshuò	攫取 jué
细菌 jūn	龟裂 jūn	俊杰 jùn
崇山峻岭 jùn	竣工 jùn	隽语 juàn

k

同仇敌忾 kài	不卑不亢 kàng	坎坷 kě
可汗 kè hán	恪守 kè	倥偬 kǒngzǒng
会计 kuài	窥探 kuī	傀儡 kuǐlěi
纨绔 kù	市侩 kuài	脍炙人口 kuài

l

邋遢 lātā	丢三落四 là	书声琅琅 lángláng
唠叨 láo	落枕 lào	奶酪 lào
勒索 lè	勒紧 lēi	擂鼓 léi
羸弱 léi	果实累累 léiléi	罪行累累 lěilěi
擂台 lèi	罹难 lí	潋滟 liàn
打量 liang	量入为出 liàng	撩水 liāo
撩拨 liáo	寂寥 liáo	瞭望 liào
趔趄 lièqiè	恶劣 liè	雕镂 lòu
贿赂 lù	棕榈 lú	掠夺 lüè
囹圄 língyǔ	褴褛 lánlǚ	吝啬 lìnsè

m

抹桌子 mā	阴霾 mái	埋怨 mán
耄耋 màodié	联袂 mèi	闷热 mēn
扪心自问 mén	愤懑 mèn	蒙头转向 mēng
蒙头盖脸 méng	靡费 mí	委靡不振 mǐ
静谧 mì	分娩 miǎn	酩酊 mǐngdǐng
荒谬 miù	脉脉 mòmò	抹墙 mò
蓦然回首 mò	牟取 móu	模样 mú

n

羞赧 nǎn	呶呶不休 náonáo	泥淖 nào
口讷 nè	气馁 něi	拟人 nǐ
隐匿 nì	拘泥 nì	亲昵 nì
拈花惹草 niān	宁死不屈 nìng	泥泞 nìng
忸怩 niǔní	执拗 niù	驽马 nú
虐待 nüè	扭捏 niǔnie	

o

偶然 ǒu

p

扒手 pá
蹒跚 pánshān
炮制 páo
胚胎 pēi
澎湃 péngpài
癖好 pǐ
扁舟 piān
饿殍 piǎo
居心叵测 pǒ
前仆后继 pū
玉璞 pú
一曝十寒 pù

迫击炮 pǎi
滂沱 pāngtuó
咆哮 páoxiào
香喷喷 pēnpēn
纰漏 pī
否极泰来 pǐ
大腹便便 piánpián
乒乓 pīngpāng
糟粕 pò
奴仆 pú
匍匐 púfú

心宽体胖 pán
彷徨 pánghuáng
炮烙 páoluò
抨击 pēng
毗邻 pí
媲美 pì
剽窃 piāo
湖泊 pō
解剖 pōu
风尘仆仆 púpú
瀑布 pù

q

休戚与共 qī
颀长 qí
修葺 qì
悭吝 qiān
虔诚 qián
强迫 qiǎng
牵强附会 qiǎng
讥诮 qiào
锲而不舍 qiè
倾盆大雨 qīng
曲折 qū
水到渠成 qú
通衢大道 qú
面面相觑 qù
逡巡 qūn

蹊跷 qīqiāo
歧途 qí
休憩 qì
掮客 qián
天堑 qiàn
勉强 qiǎng
襁褓 qiǎngbǎo
怯懦 qiè
惬意 qiè
引擎 qíng
祛除 qū
清癯 qú
龋齿 qǔ
债券 quàn
麇集 qún

祈祷 qídǎo
绮丽 qǐ
关卡 qiǎ
潜移默化 qián
戕害 qiāng
强求 qiǎng
翘首远望 qiáo
提纲挈领 qiè
衾枕 qīn
亲家 qìngjia
黢黑 qū
瞿塘峡 qú
兴趣 qù
商榷 què

r

围绕 rào
妊娠 rènshēn

荏苒 rěnrǎn
仍然 réng

稔知 rěn
冗长 rǒng

s

缫丝 sāo

稼穑 sè

堵塞 sè

刹车 shā	芟除 shān	潸然泪下 shān
禅让 shàn	讪笑 shàn	赡养 shàn
折本 shé	慑服 shè	退避三舍 shè
海市蜃楼 shèn	舐犊之情 shì	教室 shì
有恃无恐 shì	狩猎 shòu	倏忽 shū
束缚 shùfù	刷白 shuà	游说 shuì
吸吮 shǔn	瞬息万变 shùn	怂恿 sǒngyǒng
塑料 sù	簌簌 sùsù	虽然 suī
鬼鬼祟祟 suìsuì	婆娑 suō	

t

趿拉 tāla	鞭挞 tà	叨光 tāo
熏陶 táo	体己 tīji	孝悌 tì
倜傥 tìtǎng	恬不知耻 tián	殄灭 tiǎn
轻佻 tiāo	调皮 tiáo	妥帖 tiē
请帖 tiě	字帖 tiè	恸哭 tòng
如火如荼 tú	湍急 tuān	颓废 tuí
蜕化 tuì	囤积 tún	

w

逶迤 wēiyí	违反 wéi	崔嵬 wéi
冒天下之大不韪 wěi	为虎作伥 wèi chāng	龌龊 wòchuò
斡旋 wò	深恶痛疾 wù	因为 wèi

x

膝盖 xī	檄文 xí	狎黠 xiá
厦门 xià	纤维 xiān	翩跹 xiān
屡见不鲜 xiān	垂涎三尺 xián	勾股弦 xián
鲜见 xiǎn	肖像 xiào	采撷 xié
叶韵 xié	纸屑 xiè	机械 xiè
省亲 xǐng	不朽 xiǔ	铜臭 xiù
星宿 xiù	长吁短叹 xū	自诩 xǔ
抚恤金 xù	酗酒 xù	煦暖 xù
眩晕 xuànyùn	炫耀 xuàn	洞穴 xué
戏谑 xuè	驯服 xùn	徇私舞弊 xùn
瑕疵 xiá		

y

倾轧 yà	揠苗助长 yà	殷红 yān
湮没 yān	筵席 yán	百花争妍 yán
河沿 yán	偃旗息鼓 yǎn	奄奄一息 yǎnyǎn
赝品 yàn	佯装 yáng	怏怏不乐 yàngyàng
安然无恙 yàng	杳无音信 yǎo	窈窕 yǎotiǎo
发疟子 yào	耀武扬威 yào	因噎废食 yē
揶揄 yéyú	陶冶 yě	哽咽 yè
摇曳 yè	拜谒 yè	笑靥 yè
甘之如饴 yí	颐和园 yí	迤逦 yǐlǐ
旖旎 yǐnǐ	自怨自艾 yì	游弋 yì
后裔 yì	奇闻轶事 yì	络绎不绝 yì
造诣 yì	友谊 yì	肄业 yì
熠熠闪光 yìyì	一望无垠 yín	荫凉 yīn
应届 yīng	应承 yìng	应用文 yìng
应试教育 yìng	邮递员 yóu	黑黝黝 yǒuyǒu
良莠不齐 yǒu	迂回 yū	向隅而泣 yú
愉快 yú	始终不渝 yú	逾越 yú
年逾古稀 yú	娱乐 yú	伛偻 yǔlǚ
舆论 yú	尔虞我诈 yú	参与 yù
驾驭 yù	家喻户晓 yù	熨帖 yùtiē
寓情于景 yù	鹬蚌相争 yù	卖儿鬻女 yù
断瓦残垣 yuán	苑囿 yuànyòu	头晕 yūn
允许 yǔn	晕船 yùn	酝酿 yùnniàng

z

扎小辫 zā	柳荫匝地 zā	登载 zǎi
载重 zài	载歌载舞 zài	怨声载道 zài
拒载 zài	暂时 zàn	臧否 zāngpǐ
宝藏 zàng	确凿 záo	啧啧称赞 zézé
咋舌 zé	谮言 zèn	憎恶 zēng
赠送 zèng	驻扎 zhā	咋呼 zhā
挣扎 zhá	札记 zhá	择菜 zhái
占卜 zhān	客栈 zhàn	破绽 zhàn
精湛 zhàn	颤栗 zhàn	高涨 zhǎng

涨价 zhǎng	着慌 zháo	沼泽 zhǎo
召开 zhào	肇事 zhào	折腾 zhē
动辄得咎 zhé	蛰伏 zhé	贬谪 zhé
铁砧 zhēn	日臻完善 zhēn	甄别 zhēn
箴言 zhēn	缜密 zhěn	赈灾 zhèn
症结 zhēng	拯救 zhěng	症候 zhèng
诤友 zhèng	挣脱 zhèng	脂肪 zhī
踯躅 zhízhú	近在咫尺 zhǐ	博闻强识 zhì
标识 zhì	质量 zhì	脍炙人口 zhì
鳞次栉比 zhì	对峙 zhì	中听 zhōng
中肯 zhòng	刀耕火种 zhòng	胡诌 zhōu
啁啾 zhōujiū	压轴 zhòu	贮藏 zhù
莺啼鸟啭 zhuàn	撰稿 zhuàn	谆谆 zhūnzhūn
弄巧成拙 zhuō	灼热 zhuó	卓越 zhuó
啄木鸟 zhuó	着陆 zhuó	穿着打扮 zhuó
恣意 zì	浸渍 zì	作坊 zuō
柞蚕 zuò	桎梏 zhìgù	咂舌 zā

项目二
读多音节词语训练

【测试提示】

1. 横向从左到右依次朗读,不要漏字或跳行。
2. 轻声音节并没有明显标记,准备时首先要找出4个轻声音节。
3. 一共会出现4个儿化音节,儿化音节不可以读成两个音节,技巧在于连起来读。
4. 除了轻声音节,其余大部分音节格式为中重格式。
5. 多音节词语格式大多为中中重格式或中中中重格式。
6. 后一个音节为上声调时,一定要读全上214调值。后一个音节为阳平调时,一定要扬到最高5的调值。
7. 碰到不认识的字不要跳过,要随便给个读音。
8. 音量适中,语速适中,不要太快或太慢。

模块 1　词语的轻重音格式训练

一、什么是轻重音格式

在有声语言中，由于词义、词性的不同，或由于感情表达的需要，一个词语的几个音节便产生了轻重强弱的差异，这就是词语的轻重音格式。词语的轻重格式的不同带来了"大珠小珠落玉盘"般悦耳动听的音乐感。

二、轻重音格式如何判断

词语的轻重音格式与词语的构成有关，在双音节词中尤为明显，例如，多数偏正、动宾、主谓式词组的后一个音节重读。由实词素和虚语素构成的词语，实语素重读。

三、轻重音格式的读法

词语的轻与重是相对的，读起来要自然流畅。轻重的差异可分为重、中、次轻、最轻四个等级，如表 2-2-1 所示。

表 2-2-1　词语轻重音格式的读法

格式	内　　容
重	读起来时值较长，声音较响，声调清晰的为重等级音节
中	既不强调重读也不特别轻读的一般音节为中等级音节，又称为次重音
次轻	比"中音"略轻，声调受到影响，调值不够稳定，时值较短，声音较弱，声调模糊的为次轻等级音节
最轻	比原调短得多，完全失去原调调值，变成特别轻读的音节为最轻等级音节。最轻等级音节就是普通话的轻声音节

汉语的词语一般可分为单音节、双音节词、三音节词和四音节词。单音节词绝大多数重读，只有少数用在名词、代词后面表示方位的词，以及用在动词后面表示趋向的词读作次轻音。助词、语气词读作最轻音（即轻声）。我们要掌握双音节词、三音节词、四音节词的轻重音格式的读法。

（一）双音节词

双音节词轻重音格式的读法如表 2-2-2 所示。

表 2-2-2 双音节词轻重音格式的读法

格式	内 容	举 例
中重格式	大部分双音词是中重格式。前一个音节读中音，后一个音节读重音	交通、图画、国际、水平、飞机、语言、工厂、军队、实现、铁路、海洋、电台、古代、开放、环球
重·次轻格式	这类格式前一个音节读重音，后一个音节读次轻音。读次轻音的音节，声母、韵母一般没什么变化，声调调值仍可辨。偶尔重读，读音不太稳定	读者、战士、观点、作家、冬季、绝对、消息、干部、爱护、命运、任务、厌恶
重·最轻格式	这类格式为轻声词，前一个音节读重音，后一个音节读最轻音	丈夫、跟头、讲究、月亮、告诉、相声、动静、阔气、意思、庄稼、豆腐

(二) 三音节词

三音节词轻重音格式的读法如表 2-2-3 所示。

表 2-2-3 三音节词轻重音格式的读法

格式	内 容	举 例
中·次轻·重格式	这类格式在三音节词中占多数。第一个音节读中音，第二个音节相对要轻一些，读次轻音，最后一个音节重读	计算机、笔记本、工程师、传达室、自行车、招待会、劳动节、展览馆、红楼梦、办公室、抱不平、对不起、合不来、来不及
中·重·最轻格式	这类格式在三音节词中占少数。第一个音节读中音，第二个音节读重音，最后一个音节读最轻音。	小伙子、枪杆子、没功夫、脑瓜子、拉关系
重·最轻·最轻格式	这类格式在三音节词中数量较少。第一个音节重读，后两个音节都读轻音	没什么、怪不得、喝下去

(三) 四音节词

四音节词轻重音格式的读法如表 2-2-4 所示。

表 2-2-4 四音节词轻重音格式的读法

格式	内 容	举 例
中·次轻·中·重格式	大部分具有联合关系的四音节成语及陈述与被陈述、支配与被支配关系的四音节词语	丰衣足食、日积月累、轻歌曼舞、心平气和、无独有偶、五光十色、天灾人祸、年富力强、唇齿相依、屡见不鲜
	大部分四音节的专用名词、叠音形容词和象声词，要注意四音节专用名词的第二音节只比第一音节稍轻，不可失去原调	社会主义、集体经济、大大方方、高高兴兴、漂漂亮亮、老老实实、黑不溜秋、慌里慌张

续表

格式	内 容	举 例
中·次轻·重·最轻格式	这类格式在四音节词中占极少数。第一个音节读中音,第二个音节读次轻音,第三个音节读重音,第四个音节读最轻音	如意算盘、外甥媳妇

词语的轻重格式在普通话语流中非常重要,一个格式错了,从听感上就容易造成一句话听着不顺耳,词语的意思表达就不准确。词语的轻重音格式,一定要多听、多记、多练,符合普通话的要求。

模块 2　词语的变调训练

语流音变是指在说话、朗读的过程中,音素或音节之间相互影响,从而产生语音的变化,而在书写上没有任何改变,即书写标原调,说话说变调。这类音变最常见的有:上声的变调,"一"、"不"、"啊"的变调,重叠形容词的变调。

一、变调的读法

变调的读法如表 2-2-5 所示。

表 2-2-5　变调的读法

格式	内　　容		举　　例
上声变调	上声+上声=35+214		友好、理想、采访、展览、辗转、坎坷
	上声在阴平、阳平、去声前变成半上,即214变成21,只降不升	上声+阴平=21+55	老师、演说、表彰、纺织、水乡、许多
		上声+阳平=21+35	典型、美德、小学、总结、主持、好评、表白、解决
		上声+去声=21+51	坦率、理智、美术、晚会、感谢、美妙、想象、巧计
"一"的变调	单用、在词语末尾读原调(55)		一、单一、划一、五一、统一、万一
	在去声前读阳平(35)		一定、一共、一贯、一致
	在阴平前、阳平前、上声前读去声(51)		一天、一身、一些、一边、一直、一同、一行、一年、一般
	在重叠的动词中读轻声		听一听、说一说、尝一尝、停一停、洗一洗、笑一笑、跑一跑、试一试、想一想、理一理、刷一刷、拿一拿

续表

格式	内 容	举 例
"不"的变调	单用、在词语末尾、在非去声前读原调去声(51)	不、绝不、偏不、不好、不妨、不知、不凡、不满、不久、不堪、不想、不周、不通、不明、不详、不符、不仅、不管
	在去声前读阳平(35)	不必、不要、不便、不愧、不论、不是、不屑、不会
	夹在叠词中间读轻声	多不多、新不新、甜不甜、圆不圆、冷不冷、苦不苦、去不去、说不说
叠字形容词的变调	叠字形容词 AA 式第二个音节非阴平调即阳平、上声、去声加上儿化时,声调一律变成高平调(55),可以表达一定的感情色彩	好好儿、满满儿、稳稳儿、慢慢儿、快快儿
	叠字形容词 AABB 式和 ABB 式,后两个音节非阴平调即阳平、上声、去声时,声调一般可变成高平调(55)或保持原调	白茫茫、绿油油、红彤彤、毛茸茸、软绵绵、热腾腾、湿淋淋、灰蒙蒙、亮堂堂、热辣辣

(一)三个上声音节相连的变调

三个上声音节相连,由于三音节词内部组合的结构层次不同,上声的变调也不同。具体情况如表 2-2-6 所示。

表 2-2-6 三个上声音节相连的变调

音节组合形式	音节变调形式	调 值	举 例
(上声+上声)+上声	阳平+阳平+上声	34+34+214	选举法、展览馆、马尾草
上声+(上声+上声)	半上+阳平+上声	21+34+214	好领导、米老鼠、老厂长
上声+上声+上声	阳平+阳平+上声	34+34+214	水火土、软懒散、缓减免

(二)多个上声音节相连的变调

多个上声音节相连,根据其意义,按照它的内部组合的结构层次划分成两个音节或三个音节一组,再按两个上声音节或三个上声音节相连的变调规律进行变调,然后再把分组处相连的音节按两音节的上声变调规律变调。具体情况如表 2-2-7 所示。

表 2-2-7　多个上声音节相连的变调

例　　词	岂有此理
原　　调	qǐ　yǒu　cǐ　lǐ
分　　组	qǐ　yǒu　/　cǐ　lǐ
第一次变调	qí　yǒu　/　cí　lǐ
第二次变调	qí　yǒu（半上）cí　lǐ

二、上声变调词语训练

（一）上声＋阴平

摆脱 bǎituō　　　捕捉 bǔzhuō　　　秉公 bǐnggōng
草签 cǎoqiān　　敞开 chǎngkāi　　喘息 chuǎnxī
倒塌 dǎotā　　　点播 diǎnbō　　　纺织 fǎngzhī
俯冲 fǔchōng　　鼓吹 gǔchuī　　　海关 hǎiguān
假山 jiǎshān　　 奖金 jiǎngjīn　　警钟 jǐngzhōng

（二）上声＋阳平

处罚 chǔfá　　　歹毒 dǎidú　　　　倒霉 dǎoméi
顶棚 dǐngpéng　 躲藏 duǒcáng　　 反驳 fǎnbó
仿佛 fǎngfú　　　腐蚀 fǔshí　　　　改良 gǎiliáng
拱桥 gǒngqiáo　 果园 guǒyuán　　 狠毒 hěndú
缓和 huǎnhé　　 甲鱼 jiǎyú　　　　简洁 jiǎnjié

（三）上声＋去声

宠爱 chǒng'ài　　处分 chǔfèn　　　闯荡 chuǎngdàng
捣蛋 dǎodàn　　 等待 děngdài　　 抵触 dǐchù
斗笠 dǒulì　　　　堵塞 dǔsè　　　　躲避 duǒbì
访问 fǎngwèn　　粉碎 fěnsuì　　　腐败 fǔbài
抚恤 fǔxù　　　　稿件 gǎojiàn　　 鼓励 gǔlì

（四）上声＋轻声

打算 dǎsuan　　　底下 dǐxia　　　　点心 diǎnxin
反正 fǎnzheng　　伙计 huǒji　　　　考究 kǎojiu
买卖 mǎimai　　　老爷 lǎoye　　　　枕头 zhěntou

姐姐 jiějie	姥姥 lǎolao	傻子 shǎzi
晌午 shǎngwu	找补 zhǎobu	手里 shǒuli
嘴里 zuǐli	想起 xiǎngqi	走走 zǒuzou

(五)上声+上声

躲闪 duǒshǎn	抚养 fǔyǎng	港口 gǎngkǒu
古老 gǔlǎo	海港 hǎigǎng	给养 jǐyǎng
剪彩 jiǎncǎi	俭朴 jiǎnpǔ	绞索 jiǎosuǒ
礼品 lǐpǐn	懒散 lǎnsǎn	苦恼 kǔnǎo
拷打 kǎodǎ	咯血 kǎxiě	警犬 jǐngquǎn
奶粉 nǎifěn	友好 yǒuhǎo	领导 lǐngdǎo
品种少 pǐnzhǒngshǎo	狗尾草 gǒuwěicǎo	纸老虎 zhǐlǎohǔ
孔乙己 Kǒngyǐjǐ	手写体 shǒuxiětǐ	早午晚 zǎowǔwǎn

模块3　词语的轻声训练

一、轻声的读法

(1)轻声的音高不固定,随着前一个音节声调的不同而变化。例如：
跟头(55+2)　　石头(35+3)　　枕头(214+4)　　木头(51+1)
妈妈(55+2)　　爷爷(35+3)　　奶奶(214+4)　　爸爸(51+1)

(2)轻声发音短,前一个音节3拍,后一个音节1拍。格式处理成3∶1。不要拖长,也不要过于短促,造成吃字。例如,桌子、椅子、你们、他们、馒头、上头、上面、底下、瞧瞧、看看、试试。

二、轻声音节辨认规律

(一)有规律的语法轻声

新词、科学术语一般没有轻声音节,口语中的常用词才有读轻声音节的。

1.几类语法虚词

(1)结构助词:的、地、得。
(2)动态助词:着、了、过。
(3)语气助词:啊、吗、吧、嘛、呢、啦。

这几类虚词在《普通话水平测试用普通话词语表》中未收录,不是因为它们的词频不高,而是因为它们的附着性强,这些轻声词会在"朗读短文"和"命题说话"中考查。

2. 某些名词性或代词性词缀(子、头、们、么)

(1)"子"缀词 206 条:桌子、裤子、箱子等。注意:"孔子、老子、庄子、原子、电子、中子"中的"子"是实语素,不读轻声。

(2)"头"缀词 21 条:锄头、对头、跟头、骨头、罐头、后头、浪头、里头、码头、馒头、苗头、木头、念头、前头、拳头、上头、舌头、石头、丫头、枕头、指头。注意:"窝窝头、田间地头"中的"头"是实语素,不读轻声。

(3)"们"缀词 9 条:你们、人们、他们、它们、她们、我们、咱们、同志们、孩子们。

(4)"么"缀词 5 条:多么、那么、什么、怎么、这么。

3. 某些叠音词或重叠式合成词(尤以亲属称谓常见)

爷爷、奶奶、爸爸、妈妈、哥哥、姐姐、弟弟、妹妹、叔叔、舅舅、公公、婆婆、姥姥、姑姑、太太、娃娃。

可轻读词语(并非轻声的轻音现象):方位词、趋向动词、单音节动词重叠、双音节动词重叠 ABAB 式、单音节动词重叠式中的"一"、量词"个"。例如:家里、桌上、屋里、山上、树上、地底下;走过来、冲出去;看看、研究研究、合计合计;听一听、坐一坐;一个、这个、几个、哪个。

(二)有一定规律的轻声词汇

1. 略有规律的轻声语素

巴:尾巴、下巴、哑巴、眨巴、嘴巴。

当:行当、妥当、稳当。

夫:大夫、功夫、工夫、姐夫、丈夫。

匠:木匠、石匠、铁匠。

快:凉快、勤快、爽快。

量:打量、商量、思量。注意:重量的"量"不是轻声。

气:福气、客气、阔气、力气、脾气、小气、秀气、运气。

人:爱人、媒人、丈人。

实:结实、老实、扎实、壮实。

爷:大爷、老爷、少爷。

以"打"开头的轻声词:打扮、打点、打发、打量、打算、打听。

2. 与称谓、职务有关的

兄弟、弟兄、闺女、女婿、先生、丈夫、老婆、朋友、姑姑、师傅、孙女、婆家、亲家、媳妇、亲戚、爱人、上司、书记、伙计。

3. 与动物、植物有关的

苍蝇、刺猬、骆驼、狐狸、蛤蟆、跳蚤、枇杷、甘蔗、核桃、胡萝卜、石榴、葡萄、芝麻、高粱、棉花、葫芦。

4. 与身体有关的

嘴巴、指甲、眼睛、鼻子、耳朵、眉毛、巴掌、拳头、舌头、头发、肚子、屁股、下巴、脑袋、胳膊、骨头、脊梁、膀子。

5. 与疾病有关的

咳嗽、痢疾、疟疾、疙瘩、膏药。

6. 单纯词读轻声

这种情况其中两个字彼此不能拆开,一拆开就没有什么意义了,这些词中的后一个字也往往读轻声。例如:玻璃、轱辘、疙瘩。

三、轻声的作用

轻声的作用如下:
(1)区别词义和词性的作用;
(2)使语言流畅,富有音乐感。

注意:一些词语有轻声和非轻声两读现象。这些词读法不同,意义不同,往往有区别词义和词性的作用。例如:

地道 dìdao,意思是纯正的,形容词。

地道 dìdào,意思是地下坑道,名词。

精神 jīngshen,意思是表现出来的活力;活跃,有生气。

精神 jīngshén,意思是人的意识、思维活动和一般心理状态;宗旨,主要的意义。

四、轻声词语训练

(一)阴平+轻声

帮手、包子、包涵、杯子、苍蝇、车子、窗子、窗户、村子、耽搁、钉子、多么、风筝、规矩、家伙、街坊、窟窿、清楚、烧饼、身子、收成、收拾、舒坦、孙女、它们、摊子、挑剔、挖苦、稀罕、先生、乡下、心思、吆喝、妖怪、冤枉、张罗、招牌、作坊、庄稼、哆嗦、衣服、衣裳、清楚、姑娘、官司、机灵、结实、精神、牲口、生意、舒服、踏实、窝囊、稀罕、消息、休息、秧歌、吆喝、冤枉、折腾、知识、巴结、聪明、耷拉、高粱、鸽子、跟头、师父、师傅。

(二)阳平＋轻声

白净、柴火、福气、孩子、含糊、行当、合同、红火、胡琴、咳嗽、累赘、篱笆、帘子、凉快、粮食、林子、麻烦、眉毛、媒人、苗条、苗头、名堂、名字、明白、能耐、牌楼、盘算、盆子、朋友、勤快、拳头、人们、人家、时候、台子、媳妇、学生、学问、云彩、咱们、滑溜、活泼、蘑菇、奴才、便宜、衙门、嘱咐、主意、琢磨。

(三)去声＋轻声

案子、棒槌、别扭、部分、带子、袋子、动弹、豆腐、豆子、贩子、盖子、告诉、故事、褂子、怪物、柜子、后头、毽子、叫唤、戒指、镜子、句子、客气、框子、阔气、厉害、利害、利落、利索、骆驼、麦子、胖子、漂亮、热闹、日子、扫帚、事情、岁数、跳蚤、袜子、为了、位置、笑话、叶子、应酬、月饼、太阳、月亮、在乎、栅栏、寨子、帐篷、这么、相声、性子、意思、见识、认识、困难、念叨、佩服、吓唬、钥匙。

(四)上声＋轻声

本子、补丁、打算、打听、底子、点心、寡妇、鬼子、火候、茧子、口袋、喇叭、懒得、老实、老爷、里头、马虎、脑袋、女婿、嗓子、嫂子、首饰、爽快、铁匠、妥当、晚上、稳当、我们、喜欢、小气、眼睛、养活、椅子、影子、早上、怎么、枕头、买卖、暖和、软和、使唤、算盘、体面、养活。

注意：其中"上声＋轻声"里，轻声原调为上声音节，这类词中有一部分前面上声变成近乎阳平，所念调值近乎阳平＋轻声(34＋31)，例如，晌午、等等、倒腾、打手、哪里、想想。

模块4 词语的儿化训练

一、儿化的读法

儿化写出来是两个汉字，读出来是一个音节，不可读成两个音节。发音时，口腔打开，一边发音，舌尖同时往上翘起，自然流畅。儿化的读法如表 2-2-7 所示。

表 2-2-7　儿化的读法

内　　容	举　　例
音节末尾是 a、o、e、u、ê 的韵母直接卷舌	刀把儿 bàr、山坡儿 pōr、方格儿 gér、台阶儿 jiēr、小刀儿 dāor、小肚儿 dùr
韵尾是 i、n 的，丢掉韵尾，主要元音卷舌	钢盖儿 gàr、一块儿 kuàr、花篮儿 lár、笔尖儿 jiār
韵母是 i、ü 的，主要元音仍由 i、ü 充当，在韵母后加 er	小鸡儿 jiēr、玩意儿 yìer、有趣儿 qùer、金鱼儿 yúer
韵母是 -i(前)、-i(后) 的，儿化后韵母 -i(前)、-i(后) 完全失去，声母直接与 er 相拼	瓜子儿 zěr、没词儿 cér、树枝儿 zhēr、没事儿 shèr
鼻韵母 in、un、ün 儿化后失去 n，加上 er	听信儿 xìer、没劲儿 jièr、打盹儿 dǔer
韵尾是 ng 的，韵腹即主要元音带鼻音，发音时口腔、鼻腔要同时共鸣，称为"鼻化音"，加上卷舌。符号"～"表示鼻化	体形儿 xĩr、小名儿 mĩr、帮忙儿 mãr、没声儿 shẽr

二、儿化的作用

1. 带有一定的感情色彩
（1）表示温和、可爱、亲切的感情色彩。例如，花猫儿、好玩儿、女孩儿。
（2）形容细小、轻微的东西。例如，小手儿、小瓶儿、一丁点儿、门缝儿。
（3）有时表示憎恶鄙视的感情色彩。例如，小偷儿。
2. 区别词义
头（脑袋）、头儿（带头的人）、眼（眼睛）、眼儿（小窟窿）。
3. 区分词性
画（名、动）、画儿（名词）、尖（形容词）、尖儿（名词）、堆（动词）、堆儿（量词）。
4. 区分同音词
拉练（行军、野营训练）、拉链儿（拉锁）。

三、儿化在运用中要注意的问题

（1）在新闻节目、会议等正式场合中应尽量少用儿化，保持其庄重性、严肃性。

（2）起区别词义和分辨词性的作用时一定要儿化，该儿化而不儿化容易造成误会。例如，"窍门儿"与"撬门"。

（3）有些儿化词虽然不起区别意义和分辨词性的作用，但全社会约定俗成，使用这些词已成习惯，不儿化反而不顺耳。例如，冰棍儿、玩意儿、好好儿等。

（4）属于北京方言土语的儿化词，不儿化。例如，"天气"不能说"天儿"。

四、"朗读作品"中儿化词语训练

一点儿、那儿、汽水儿、一阵儿、一会儿、雪末儿、银条儿、雪球儿、点儿、玩儿、火儿、小孩儿、美人儿、线头儿、胡同儿、香味儿、心眼儿、圈儿、那儿、这儿、一髻儿、树尖儿、山尖儿、水纹儿、银边儿、一道儿、口儿、一丁点儿、聊天儿、一会儿、哪儿、味儿、伙伴儿、乡巴佬儿、小家伙儿、男孩儿、云彩丝儿、山根儿、脸蛋儿、塑料盒儿、椰子壳儿、卖劲儿、一块儿、好玩儿、枣儿。

注意：以下两种情况，"儿"并未与前一音节融合。

第一种：女儿、胎儿、小儿、婴儿、幼儿、宠儿、孤儿、健儿、少儿、幼儿园。

第二种：

（1）它静静地卧在那里，院边的槐阴没有庇覆它，花儿也不再在它身边生长。（作品3号）

（2）同人一样，花儿也是有灵性的，更有品位之高低。（作品30号）

（3）看着看着，这件花衣好像被风儿吹动。（作品17号）

（4）我崇敬那只小小的、英勇的鸟儿，我崇敬它那种爱的冲动和力量。（作品27号）

模块5 读多音节词语综合训练

多音节难读词语训练

狭隘 xiá'ài	胳膊 gēbo
同胞 tóngbāo	粗糙 cūcāo
蚌埠 Bèngbù	炽热 chìrè
蝙蝠 biānfú	创伤 chuāngshāng
编纂 biānzuǎn	绰号 chuòhào
哺育 bǔyù	参差 cēncī
匕首 bǐshǒu	档次 dàngcì

追悼 zhuīdào	忏悔 chànhuǐ
呆板 dāibǎn	提防 dīfáng
阿谀 ēyú	癫痫 diānxián
腹腔 fùqiāng	订正 dìngzhèng
仿佛 fǎngfú	而且 érqiě
果脯 guǒfǔ	复杂 fùzá
山冈 shāngāng	气氛 qìfēn
疙瘩 gēda	讣告 fùgào
混乱 hùnluàn	供给 gōngjǐ
教诲 jiàohuì	供认 gòngrèn
奇数 jīshù	楼阁 lóugé
间断 jiànduàn	几乎 jīhū
颈椎 jǐngzhuī	罕见 hǎnjiàn
校对 jiàoduì	雪茄 xuějiā
疾病 jíbìng	俊俏 jùnqiào
解数 xièshù	根茎 gēnjīng
畸形 jīxíng	比较 bǐjiào
发酵 fājiào	细菌 xìjūn
脊梁 jǐliáng	阶段 jiēduàn
矩形 jǔxíng	内疚 nèijiù
质量 zhìliàng	汲取 jíqǔ
两栖 liǎngqī	针灸 zhēnjiǔ
伪劣 wěiliè	夹层 jiācéng
例外 lìwài	俘虏 fúlǔ
模具 mújù	露天 lùtiān
联袂 liánmèi	蓓蕾 bèilěi
呕吐 ǒutù	度量衡 dùliànghéng
活泼 huópō	风靡 fēngmǐ
关卡 guānqiǎ	勉强 miǎnqiǎng
怯懦 qiènuò	模糊 móhu
萝卜 luóbo	糟粕 zāopò
巡捕 xúnbǔ	包庇 bāobì
差错 chācuò	翘首 qiáoshǒu
唱片 chàngpiàn	侵略 qīnlüè
对称 duìchèn	强劲 qiángjìng

恰当 qiàdàng　　　　　围绕 wéirào
妊娠 rènshēn　　　　　塞车 sāichē
漱口 shùkǒu　　　　　游说 yóushuì
塑料 sùliào　　　　　虽然 suīrán
骨髓 gǔsuǐ　　　　　　收缩 shōusuō
结束 jiéshù　　　　　　常识 chángshí
栓塞 shuānsè　　　　　熟悉 shúxī
丧钟 sāngzhōng　　　　赡养 shànyǎng
扫帚 sàozhou　　　　　狩猎 shòuliè
矢口 shǐkǒu　　　　　　标识 biāozhì
调皮 tiáopí　　　　　　蜕变 tuìbiàn
可恶 kěwù　　　　　　纤维 xiānwéi
违章 wéizhāng　　　　肖像 xiàoxiàng
眩晕 xuànyùn　　　　侮辱 wǔrǔ
向往 xiàngwǎng　　　　兴奋 xīngfèn
琴弦 qínxián　　　　　混淆 hùnxiáo
挟持 xiéchí　　　　　穴位 xuéwèi
徇私 xùnsī　　　　　　削弱 xuēruò
乳臭 rǔxiù　　　　　膝盖 xīgài
木屑 mùxiè　　　　　咆哮 páoxiào
分析 fēnxī　　　　　亚洲 yàzhōu
河沿 héyán　　　　　造诣 zàoyì
酝酿 yùnniàng　　　　友谊 yǒuyì
参与 cānyù　　　　　殷红 yānhóng
应用 yìngyòng　　　　打颤 dázhàn
暂时 zànshí　　　　　脂肪 zhīfáng
运转 yùnzhuǎn　　　　碰撞 pèngzhuàng
钻探 zuāntàn　　　　笨拙 bènzhuō
作坊 zuōfang　　　　着重 zhuózhòng
证券 zhèngquàn　　　挣脱 zhèngtuō
高涨 gāozhǎng　　　　沼泽 zhǎozé
雕琢 diāozhuó　　　　浙江 zhèjiāng
挣扎 zhēngzhá　　　　确凿 quèzáo
悄然 qiǎorán　　　　强迫 qiǎngpò

项目三 朗读短文训练

【测试提示】
1. 发音准确,吐字清晰,流畅自然,语速适中,感情适度。
2. 不要读错、读漏或增加字。
3. 停、连、断句恰当,不可造成词语肢解。
4. 正确朗读轻声、儿化词和"啊"的音变。
5. 正确朗读外国人名和地名。

模块1 "啊"的音变训练

"啊"是一个用来表示语气、增加感情色彩的叹词,一般单独用或用在句尾。在句头单独念,读音没有变化,但是用在句尾,受前面音素的影响,会产生音变。

普通话水平测试的朗读作品中"啊"的音变如表2-3-1所示。

表2-3-1 "啊"的音变

音节末尾音素	读作	举 例
a、o、e、ê、i、ü(不包括ao、iao)	ya	推开门一看,嗬!好大的雪啊! 这又怪又丑的石头,原来是天上的啊! 我们每个人都是风筝,在妈妈手中牵着,从小放到大,再从家乡放到祖国最需要的地方去啊! 我砸的不是坏人,而是自己的同学啊! 你砸他们,说明你很正直善良,且有批评不良行为的勇气,应该奖励你啊!
u、ao、iao	wa	在它看来,狗该是多么庞大的怪物啊! 家乡的桥啊,我梦中的桥! 这都是千金难买的幸福啊!
-n	na	大约潭是很深的,故能蕴蓄着这样奇异的绿;仿佛蔚蓝的天融了一块在里面似的,这才这般的鲜润啊!
-ng	nga	然而,火光啊……毕竟……毕竟就在前头! 人和动物都是一样啊! 当第一束阳光射进舷窗时,它便敞开美丽的歌喉,唱啊唱,嘤嘤有韵,宛如春水淙淙。 我想张开两臂抱住她,但这是怎样一个妄想啊!
-i(前)	za	(朗读作品中无例) 这是谁写的字啊!
-i(后)、er、儿化韵	ra	是啊!我们有自己的祖国,小鸟也有它的归宿……哪儿也不如故乡好! 是啊,请不要见笑。

模块2　朗读技巧训练

一、训练要求

朗读是将书面语言转变为形象生动、发音规范的有声语言的再创作活动。普通话水平测试中的朗读测试,是指应试人在朗读普通话水平测试用60篇作品时,对其发音中声母、韵母、声调、语流音变、停连、重音、语调以及朗读流畅程度等进行的一种测试。训练时,请尽量做到以下几点。

(1)读准确。准确、熟练地运用普通话,做到字音规范、音变正确,遵从原文,不丢字、不添字、不颠倒字或改字。

(2)读自然。语调自然,停连恰当,重音处理正确。

(3)读流畅。语句连贯,语调快慢适当,不回读。

二、朗读准备

朗读既不同于日常说话,也不同于朗诵。日常说话的口头语是朗读的基础(明白通俗、流畅自然),但与之相比,朗读还要对口头语进行加工,要能比较有效地再现原文的思想和艺术形象。

朗诵是一种艺术表演形式,语言形式较为夸张,节奏起伏较大,它往往借助表情、手势等肢体语言来强化表达效果,有些还运用灯光、布景、音乐等来渲染,以增强表演的艺术性,而朗读则不需要这些。

朗读虽然也讲究语言的艺术性,但它必须接近真实自然的生活语言,它是一种介于日常说话与朗诵艺术之间的口头表达形式。在朗读测试的准备过程中,可从以下几个方面进行准备。

(一)熟悉作品内容,把握朗读基调

首先,初读,了解作品的内容是什么。
其次,正音并弄懂词、句的含义。
最后,理清作品结构。

(二)注意语音规范

首先,注意语流音变。上声的变调、"一""不"的变调、"啊"的变读及轻声词和儿化是在朗读作品中要重点留意的地方。

其次，注意多音字的读音。一字多音是容易产生误读的重要原因之一，必须十分注意。在朗读作品中出现较多的多音字包括"为""似""倒""累""处"等。

再次，注意异读词的读音。普通话词汇中，有一部分词（或词中的语素）在习惯上有两个或多个不同的读法，但意义相同或基本相同，这些词被称为"异读词"。

（三）注意克服几种不正确的朗读样式

1. 念读式

念读式是指单纯地念字，照字读音，有字无词或有词无句，词或词组没有轻重格式的体现。

2. 唱读式

唱读式是指以固定的类似于唱歌的调来读作品，这种读法比念读更差，它只有声音的外壳，而表情达意的作用已被大大削弱。

3. 念经式

念经式是指读作品时声音小而速度快，没有顿歇，没有重音，更没有感情和声音的变化。

4. 表演式

表演式是指特别注意感情表达而把朗读变成朗诵，有表演的趋向。由于过于注重感情表达，读作品时往往会增字、丢字或改字。

三、朗读技巧

要读好一篇作品，可以先根据内容确定其感情基调，然后根据其感情基调来确定语速，最后根据上下文的文意确定朗读时语音的轻重、停连和语调。朗读时对语音的轻重、停连和语调等的正确处理就需要一定的朗读技巧。

（一）停连

停连是指停顿和连接。在朗读过程中，为表情达意所需要的声音的中断和休止就是停顿；声音不中断、不休止，特别是作品中有标点符号而在朗读中却不需要中断、休止的地方就是连接。停连一方面是朗读者身体机能的需要，另一方面也是表情达意的需要，通过停连可以更清晰、更有效地表达作品内容，更鲜明、更强烈地体现作品情感。得体的停连可以显示语言的节奏，并增强表达的效果。

我们常用以下几种符号来表示停连：停顿╎（停顿时间最短），停顿/（停顿时间较短），停顿//（停顿时间较长），停顿///（停顿时间最长），连接⌒。

1. 如何选择停连位置

(1)准确理解句意和文意。

(2)正确分析语句结构。

(3)恰当想象文字所体现的情景。

(4)合理处理标点符号。

2. 停顿的分类

(1)语法停顿,即指句子间语法关系的停顿,如句子中主谓之间、述宾之间、修饰限制词与中心词之间的停顿,还有分句之间、句子之间以及段落层次之间的停顿等。语法停顿应与标点、层次、段落相一致,具体来讲,语法停顿的时间长短可通过下列关系进行:顿号＜逗号＜分号,冒号＜分号＜句间＜层间。例如:

台湾岛形状狭长,/从东到西,/最宽处只有一百四十多公里;//由南至北,/最长的地方约有三百九十多公里。///地形像一个纺织用的梭子。

我们那条胡同的/左邻右舍的/孩子们的风筝/几乎都是叔叔编扎的。

这棵榕树/好像在把它的全部生命力展示给我们看。

(2)逻辑停顿,即指为准确表达语意,揭示语言内在联系而形成的语流中声音的顿歇。逻辑停顿不受语法停顿的限制,它没有明确的符号标记,往往是根据表达的内容与语境要求来决定停顿的地方和停顿的时间。例如:"没有/一片绿叶,没有/一缕炊烟。"

(3)感情停顿,即为了突出某种感情而作出的间歇。这种停顿通常出现在感情强烈处,诸如悲痛欲绝、恼怒至极、兴奋异常等。

(二)重音

重音是指在朗读过程中为了达到更好地体现语句的目的,在表达时着意强调的词或词组。重音常和停连一起,使语意表达更加清楚准确,使感情色彩更加鲜明。重音可分为词重音和语句重音,但在朗读部分我们着重讲语句重音。语句重音一般用"·"表示。

1. 语句重音的选择标准

(1)重音应该是突出语句目的的中心词。

(2)重音应该是体现逻辑关系的对应词。

(3)重音应该是点染感情色彩的关键词。

2. 语句重音的分类

(1)语法重音。语法重音是根据语法结构特点表现出来的重音,它由语法结构本身决定,位置一般是固定的。如短句中的谓语动词、句子中的修饰成分和限制成分,补语、疑问代词、数量结构、拟声词,并列关系、对比关系、转折关系,语句中的关键词等。例如:"大雪整整下了一夜","噗啦一声落到了船上","什么是永远不会回来呢?"

（2）逻辑重音。逻辑重音是根据上下文内容的提示决定的。例如："谁能把花生的好处说出来?"该句中,我们从下文孩子们的回答可知,这里应该强调"好处"二字,而不是"谁"或"花生"。表达目的不一样,逻辑重音就不一样。

（3）感情重音。感情重音就是指为了表达强烈的感情而着重强调的部分,它大多出现在情绪激动、表达感情强烈的地方。例如："品位这东西为气为魂为筋骨为神韵,只可意会。"

（三）语调

语调即语句声音的抑扬或升降。这种抑扬或升降是准确传达语句思想感情的需要。对于语调,人们通常有一种误解,即把语调仅仅理解成句末一个音节的字调,其实这是不对的。语调是情感的产物,具有明显的感情色彩,它是整个语句甚至是语段感情色彩的起伏变化,它与语速、重音、停连等技巧结合,显示着朗读的节奏。

语调通常有以下四种形式。

1. 上扬调

上扬调是指语流状态由低向高升起,句尾音强且向上扬起。一般表示疑问、激动、号召、呼唤等感情。上扬调一般用"↗"表示,例如："难道你就只觉得树只是树,↗难道你就不想到它的朴质,严肃,坚强不屈,至少象征了北方的农民。"↗

2. 下抑调

下抑调是指语流状态由高向低运动,句尾音下降。一般表现感叹、请求、痛苦、愤怒等语气。下抑调一般用"↘"表示,例如："外祖母永远不会回来了。"↘

3. 平直调

平直调是指语流运动状态是平稳型的,一般表现庄严、冷漠、麻木等感情。平直调一般用"→"表示。例如："三百多年前,建筑设计师莱伊恩受命设计了英国温泽市政府大厅。"→

4. 曲折调

曲折调是指语流运动状态是起伏曲折的,由高而低再扬起,或由低而高再降下,全句表现为上升和下降的曲折变化,用来表示讽刺、暗示、双关、反语等感情。例如：

现在您肯定知道为什么↗阿诺德的薪水比您高了吧！↘

……会不会是他已经表达了↘而我却不能察觉？↗

"为什么你已经有钱了↘还要？↗"父亲不解地问。

在朗读时,语调不是一成不变而是有变化的,粗略地分可以分为轻度、重度、中度三种。轻度语调即停顿较短,重音较清楚,色彩一般化,一般来讲,作品中的次要语句属此类;重度语调即停顿较长,有较重的重音,色彩显示鲜明,通常,作品中的主要语句、核心语句属此类;而中度语调的停顿稍长,重音稍突出,色彩较鲜明,通常,作品中比较重要的语句属此类。

(四)节奏

朗读是讲究速度的,朗读速度受作品内容和形式影响,也受朗读者心境的影响,也就是说,朗读节奏是由作品展示出来的,表现出了朗读者思想感情的起伏所形成的抑扬顿挫、轻重缓急的声音形式的回环。

节奏不能和语调混淆,语调是以语句为单位的,节奏是以全篇为单位的。节奏一定要有某种声音形式的回环往复,而不是毫无规律可循的各种声音形式的拼合。

常见的节奏有以下几种。

1. 轻快型

轻快型节奏要求多连少停,多轻少重,多扬少抑,语节少而词的密度大,语流显得轻快,如朗读作品《绿》《紫藤萝瀑布》。

2. 凝重型

凝重型节奏要求多停少连,多重少轻,多抑少扬,语流平缓凝重,语言表达强而有力,如朗读作品《丑石》《西部文化和西部开发》。

3. 低沉型

低沉型节奏要求停顿多而长,语调多抑,节拍较长,声音偏暗,句尾沉重,语流沉缓,如朗读作品《牡丹的拒绝》《世间最美的坟墓》。

4. 高亢型

高亢型节奏要求多连少停,多重少轻,扬而不抑,语气高昂,语流畅达,语速稍快,节奏较紧,如朗读作品《白杨礼赞》《站在历史的枝头微笑》。

5. 舒缓型

舒缓型节奏要求多连少停,声音清亮,语流声音较高但不着力,气长音清,语气舒展开阔,如朗读作品《海滨仲夏夜》《住的梦》。

6. 紧张型

紧张型节奏要求多连少停,多重少轻,多扬少抑,节奏拖长,语气紧张,如朗读作品《麻雀》《迷途笛音》。

古语有"读书百遍,其义自见",朗读最大的技巧就是反复读,大声读,熟读。对规定的60篇朗读作品每一篇都要熟读。反复读,自然会对作品内容有深刻的理解并烂熟于心。朗读时,请将手机的录音键打开,读一遍,听一遍,听的时候,用一只铅笔将读错的词语或句子画线,然后,重点练习。

模块3 朗读短文综合训练

一、朗读说明

(1) 60篇短文选自《普通话水平测试用朗读作品》,供普通话水平测试第四项——朗读短文测试使用。为适应测试需要,必要时对原作品做了部分改动。

(2) 朗读作品的顺序,按篇名的汉语拼音字母顺序排列。

(3) 每篇作品采用汉字和汉语拼音对照的方式编排。

(4) 每篇作品在第400个音节后用"//"标注。

(5) 为适应朗读的需要,作品中的数字一律采用汉字的书写方式书写,例如:"1998年"写作"一九九八年","23%"写作"百分之二十三"。

(6) 加注的汉语拼音原则依据《汉语拼音正词法基本规则》拼写。

(7) 注音一般只标本调,不标变调。

(8) 作品中的必读轻声音节,拼音不标调号。一般轻读、间或重读的音节,拼音加注调号,并在拼音前加圆点提示,例如:"因为"拼音写作"yīn·wèi","差不多"拼音写作"chà·bùduō"。

(9) 作品中的儿化音节分两种情况。一是书面上加"儿",拼音时在基本形式后加r,例如,"小孩儿"拼音写作xiǎoháir;第二是书面上没有加"儿",但口语里一般儿化的音节,拼音时也在基本形式后加r,例如,"胡同"拼音写作"hútòngr"。

二、朗读作品及提示

作品1号——节选自茅盾《白杨礼赞》

【朗读提示】

这篇文章是一篇托物言志之作,也是一曲献给根据地抗日军民的赞歌,通过对白杨树不平凡形象的赞美,歌颂了中国共产党领导下的抗日军民和整个中华民族的紧密团结、力求上进、坚强不屈的革命精神和斗争意志。所以,朗读时语言要热情奔放,气势要雄浑、铿锵有力,但不乏浓浓的诗意和质朴的情感。

【重点字词】

(1)似的 shìde (2)桠枝 yāzhī (3)几乎 jīhū (4)晕圈 yùnquān

(5)虽 suī (6)倔强 juéjiàng (7)不折不挠 bùzhébùnáo (8)婆娑 pósuō

(9)屈曲盘旋 qūqūpánxuán (10)虬枝 qiúzhī (11)朴质 pǔzhì

【朗读作品】

那是力争上游的一种树,笔直的干,笔直的枝。它的干呢,通常是丈把高,像是加以人工似的,一丈以内,绝无旁枝;它所有的桠枝呢,一律向上,而且紧紧靠拢,也像是加以人工似的,成为一束,绝无横斜逸出;它的宽大的叶子也是片片向上,几乎没有斜生的,更不用说倒垂了;它的皮,光滑而有银色的晕圈,微微泛出淡青色。这是虽在北方的风雪的压迫下却保持着倔强挺立的一种树!哪怕只有碗来粗细罢,它却努力向上发展,高到丈许,两丈,参天耸立,不折不挠,对抗着西北风。

这就是白杨树,西北极普通的一种树,然而决不是平凡的树!

它没有婆娑的姿态,没有屈曲盘旋的虬枝,也许你要说它不美丽,——如果美是专指"婆娑"或"横斜逸出"之类而言,那么,白杨树算不得树中的好女子;但是它却是伟岸,正直,朴质,严肃,也不缺乏温和,更不用提它的坚强不屈与挺拔,它是树中的伟丈夫!当你在积雪初融的高原上走过,看见平坦的大地上傲然挺立这么一株或一排白杨树,难道你就只觉得树只是树,难道你就不想到它的朴质,严肃,坚强不屈,至少也象征了北方的农民;难道你竟一点儿也不联想到,在敌后的广大//土地上,到处有坚强不屈,就像这白杨树一样傲然挺立的守卫他们家乡的哨兵!难道你又不更远一点想到这样枝枝叶叶靠紧团结,力求

shàngjìn de báiyángshù, wǎnrán xiàngzhēngle jīntiān zài Huáběi Píngyuán zònghéng juédàng yòng xuè
上进的 白杨树，宛然 象征了 今天 在 华北 平原 纵横 决荡 用 血
xiěchū xīn Zhōngguó lìshǐ de nà zhǒng jīngshén hé yìzhì
写出新 中国 历史 的 那 种 精神 和 意志。

【容易读错的字词】

作品2号——节选自张健鹏、胡足青主编《故事时代》中《差别》

【朗读提示】

注意老板话语的朗读，但语气不要太夸张。同时要注意对比布鲁诺和阿诺德的行为，朗读布鲁诺的行为时语气要略显责备之情，朗读阿诺德的行为时语气要带赞扬之情。

【重点字词】

(1)仍 réng　(2)那儿 nàr　(3)差别 chābié　(4)看看 kànkan
(5)早上 zǎoshang　(6)什么 shénme　(7)怎么 zěnme　(8)口袋 kǒudai
(9)质量 zhìliàng　(10)弄 nòng

【朗读作品】

Liǎnggè tónglíng de niánqīngrén tóngshí shòugù yú yījiā diànpù, bìngqiě ná tóngyàng de xīn·shuǐ.
两个 同龄 的 年轻人 同时 受雇于 一家 店铺，并且 拿 同样 的 薪水。
Kěshì yī duàn shíjiān hòu, jiào Ānuòdé de nàge xiǎohuǒzi qīngyún zhíshàng, érnàge jiào
可是一 段 时间 后，叫 阿诺德 的 那个 小伙子 青云 直上，而那个 叫
Bùlǔnuò de xiǎohuǒzi què réng zài yuándì tàbù. Bùlǔnuò hěn bù mǎnyì lǎobǎn de bù
布鲁诺的 小伙子 却 仍 在 原地 踏步。布鲁诺 很 不 满意老板 的 不
gōngzhèng dàiyù. Zhōngyú yǒu yī tiān tā dào lǎobǎn nàr fā láo·sāo le. Lǎobǎn yībiān nàixīn
公正 待遇。终于 有 一 天 他 到 老板那儿 发牢 骚 了。老板一边 耐心
de tīngzhe tā de bào·yuàn, yībiān zài xīn·lǐ pánsuanzhe zěnyàng xiàng tā jiěshì qīngchu tā hé
地听着他 的 抱 怨，一边在 心里 盘算着 怎样 向 他 解释清楚他 和
Ānuòdé zhījiān de chābié.
阿诺德之间 的 差别。
"Bùlǔnuò xiānsheng," Lǎobǎn kāikǒu shuōhuà le, "Nín xiànzài dào jíshì·shàng qù yīxià,
"布鲁诺 先生，"老板 开口 说话 了，"您 现在 到 集市 上 去 一下，
kànkan jīntiān zǎoshang yǒu shénme mài de."
看看今天 早上 有 什么 卖 的。"
Bùlǔnuò cóng jíshì·shàng huí·lái xiàng lǎobǎn huìbào shuō, jīnzǎo jíshì·shàng zhǐyǒu yī gè
布鲁诺 从 集市 上 回来 向 老板汇报说，今早集市 上 只有 一个
nóngmín lā le yī chē tǔdòu zài mài.
农民 拉了一 车 土豆在 卖。

"有多少？"老板问。

布鲁诺赶快戴上帽子又跑到集上，然后回来告诉老板一共四十袋土豆。

"价格是多少？"

布鲁诺又第三次跑到集上问来了价格。

"好吧，"老板对他说，"现在请您坐到这把椅子上一句话也不要说，看看阿诺德怎么说。"

阿诺德很快就从集市上回来了。向老板汇报说到现在为止只有一个农民在卖土豆，一共四十口袋，价格是多少多少；土豆质量很不错，他带回来一个让老板看看。这个农民一个钟头以后还会弄来几箱西红柿，据他看价格非常公道。昨天他们铺子的西红柿卖得很快，库存已经不//多了。他想这么便宜的西红柿，老板肯定会要进一些的，所以他不仅带回了一个西红柿做样品，而且把那个农民也带来了，他现在正在外面等回话呢。

此时老板转向了布鲁诺，说："现在您肯定知道为什么阿诺德的薪水比您高了吧！"

【容易读错的字词】

作品3号——节选自贾平凹《丑石》

【朗读提示】

注意作者前后态度的变化，在知道丑石是陨石之前，朗读时语气要略带不屑，但不能太露骨，朗读到那块丑石原来是陨石时，要带有惊奇而又遗憾的心情。

【重点字词】

(1)黑黝黝 hēiyǒuyǒu(口语一般读 hēiyōuyōu) (2)似的 shìde
(3)模样 múyàng (4)什么 shénme (5)时候 shíhou (6)奶奶 nǎinai
(7)抽空 chōukòng (8)供 gōng (9)浣纱 huànshā (10)庇覆 bìfù
(11)花儿 huā'ér (12)繁衍 fányǎn (13)枝蔓 zhīmàn (14)绿苔 lǜtái
(15)力气 lìqi (16)虽 suī (17)石头 shítou (18)立即 lìjí
(19)陨石 yǔnshí (20)东西 dōngxi (21)补过 bǔguo (22)发过 fāguo
(23)闪过 shǎnguo (24)仰望过 yǎngwàngguo (25)憧憬 chōngjǐng
(26)这么 zhème

【朗读作品】

我常常遗憾我家门前那块丑石：它黑黝黝地卧在那里，牛似的模样；谁也不知道是什么时候留在这里的，谁也不去理会它。只是麦收时节，门前摊了麦子，奶奶总是说：这块丑石，多占地面呀，抽空把它搬走吧。

它不像汉白玉那样的细腻，可以刻字雕花，也不像大青石那样的光滑，可以供来浣纱捶布。它静静地卧在那里，院边的槐阴没有庇覆它，花儿也不再在它身边生长。荒草便繁衍出来，枝蔓上下，慢慢地，它竟锈上了绿苔、黑斑。我们这些做孩子的，也讨厌起它来，曾合伙要搬走它，但力气又不足；虽时时咒骂它，嫌弃它，也无可奈何，只好任它留在那里了。

终有一日，村子里来了一个天文学家。他在我家门前路过，突然发现了这块石头，眼光立即就拉直了。他再没有离开，就住了下来；以后又来了好些人，都说这是一块陨石，从天上落下来已经有二三百年了，是一件了不起的东西。不久便来了车，小心翼翼地将它运走了。

这使我们都很惊奇,这又怪又丑的石头,原来是天上的啊!它补过天,在天上发过热、闪过光,我们的先祖或许仰望过它,它给了他们光明、向往、憧憬;而它落下来了,在污土里,荒草里,一躺就//是几百年了!

我感到自己的无知,也感到了丑石的伟大,我甚至怨恨它这么多年竟会默默地忍受着这一切!而我又立即深深地感到它那种不屈于误解、寂寞的生存的伟大。

【容易读错的字词】

作品4号——节选自[德]博多·舍费尔《达瑞的故事》,刘志明译

【朗读提示】

这虽然是一篇叙事文章,但富有哲理,启发人们发现自我,创造机会,可采用自然、深沉的感情基调,并用平实、质朴的声音表达出作者的感受来。

【重点字词】

(1)时候 shíhou　(2)因为 yīn·wèi　(3)调制 tiáozhì　(4)汽水 qìshuǐr
(5)爸爸 bàba　(6)妈妈 māma　(7)东西 dōngxi　(8)事情 shìqing
(9)穿过 chuānguò　(10)人们 rénmen　(11)篱笆 líba　(12)塞 sāi
(14)舒舒服服 shūshū-fúfú(口语一般读 shūshū-fūfū)　(15)虽然 suīrán
(16)麻烦 máfan　(17)主意 zhǔyi　(18)当天 dàngtiān
(19)早上 zǎoshang　(20)为此 wèicǐ

【朗读作品】

在达瑞八岁的时候,有一天他想去看电影。因为没有钱,他想是向爸妈要钱,还是自己挣钱。最后他选择了后者。他自己调制了一种汽水,向过路的行人出售。可那时正是寒冷的冬天,没有人买,只有两个人例外——他的爸爸和妈妈。

他偶然有一个和非常成功的商人谈话的机会。当他对商人讲述了自己的"破产史"后,商人给了他两个重要的建议:一是尝试为别人解决一个难题;二是把精力集中在你知道的、你会的和你拥有的东西上。

这两个建议很关键。因为对于一个八岁的孩子而言,他不会做的事情很多。于是他穿过大街小巷,不停地思考:人们会有什么难题,他又如何利用这个机会?

一天,吃早饭时父亲让达瑞去取报纸。美国的送报员总是把报纸从花园篱笆的一个特制的管子里塞进来。假如你想穿着睡衣舒舒服服地吃早饭和看报纸,就必须离开温暖的房间,冒着寒风,到花园去取。虽然路短,但十分麻烦。

当达瑞为父亲取报纸的时候,一个主意诞生了。当天他就按响邻居的门铃,对他们说,每个月只需付给他一美元,他就每天早上把报纸塞到他们的房门底下。大多数人都同意了,很快他有//了七十多个顾客。一个月后,当他拿到自己赚的钱时,觉得自己简直是飞上了天。

很快他又有了新的机会,他让他的顾客每天把垃圾袋放在门前,然后由他早上运到垃圾桶里,每个月加一美元。之后他还想出了许多孩子赚钱的办法,并把它集结成书,书名为《儿童挣钱的二百五十个主意》。为此,达瑞十二岁时就成了畅销书作家,十五岁有了自己的谈话节目,十七岁就拥有了几百万美元。

【容易读错的字词】

作品 5 号——节选自峻青《第一场雪》

【朗读提示】

这篇文章前一部分主要描写了雪景,朗读时要把作者对美丽雪景的喜爱之情和雪地里孩子们打闹的欢乐情景表现出来,后一部分主要写了大雪对农作物的益处,朗读时要客观、朴素、自然。

【重点字词】

(1)场 cháng　(2)一阵儿 yīzhènr　(3)彤云密布 tóngyún-mìbù

(4)一会儿 yīhuìr　(5)万籁俱寂 wànlàijùjì　(6)簌簌地 sùsùde

(7)咯吱 gēzhī　(8)粉妆玉砌 fěnzhuāng-yùqì

(9)毛茸茸 máoróngróng(口语一般读 máorōngrōng)　(10)银条儿 yíntiáor

(11)柏树 bǎishù　(12)沉甸甸 chéndiàndiàn　(口语一般读 chéndiāndiān)

(13)雪球儿 xuěqiúr　(14)玉屑 yùxiè　(15)似的 shìde

(16)雪末儿 xuěmòr　(17)掷 zhì　(18)渗 shèn　(19)供应 gōngyìng

(20)庄稼 zhuāngjia　(21)谚语 yànyǔ　(22)馒头 mántou

(23)为什么 wèishénme

【朗读作品】

这是入冬以来,胶东半岛·上第一场雪。

雪纷纷扬扬,下得很大。开始还伴着一阵儿小雨,不久就只见大片大片的雪花,从彤云密布的天空中飘落下来。地面·上一会儿就白了。冬天的山村,到了夜·里就万籁·俱寂,只听得雪花簌簌地不断往下落,树木的枯枝被雪压断了,偶尔咯吱一声响。

大雪整整下了一夜。今天早·晨,天放晴了,太阳出·来了。推开门一看,嗬!好大的雪啊!山川、河流、树木、房屋,全都罩·上了一层厚厚的雪,万里江山,变成了粉妆玉砌的世界。落光了叶子的柳树·上挂满了毛茸茸亮晶晶的银条儿;而那些冬夏常青的松树和柏树上，则挂满了蓬松松沉甸甸的雪球儿。一阵风吹来，树枝轻轻地摇晃，美丽的银条儿和雪球儿簌簌地落下来，玉屑似的雪末儿随风飘扬，映着清晨的阳光，显出一道道五光十色的彩虹。

大街上的积雪足有一尺多深，人踩上去，脚底下发出咯吱咯吱的响声。一群群孩子在雪地里堆雪人，掷雪球儿。那欢乐的叫喊声，把树枝上的雪都震落下来了。

俗话说，"瑞雪兆丰年"。这个话有充分的科学根据，并不是一句迷信的成语。寒冬大雪，可以冻死一部分越冬的害虫；融化了的水渗进土层深处，又能供应//庄稼生长的需要。我相信这一场十分及时的大雪，一定会促进明年春季作物，尤其是小麦的丰收。有经验的老农把雪比做是"麦子的棉被"。冬天"棉被"盖得越厚，明春麦子就长得越好，所以又有这样一句谚语："冬天麦盖三层被，来年枕着馒头睡。"

我想，这就是人们为什么把及时的大雪称为"瑞雪"的道理吧。

【容易读错的字词】

作品6号——节选自谢冕《读书人是幸福人》

【朗读提示】

这是一篇对读书充满深情厚谊的议论文，朗读时要把作者语重心长、耐人寻味的心声表述出来，语气要厚重、坚实。

【重点字词】

(1)因为 yīn·wèi　(2)浩瀚 hàohàn　(3)多么 duōme　(4)补偿 bǔcháng

(5)上溯 shàngsù　(6)才俊 cáijùn　(7)《论语》Lúnyǔ　(8)执著 zhízhuó
(9)睿智 ruìzhì

【朗读作品】

我常想读书人是世间幸福人,因为他除了拥有现实的世界之外,还拥有另一个更为浩瀚也更为丰富的世界。现实的世界是人人都有的,而后一个世界却为读书人所独有。由此我想,那些失去或不能阅读的人是多么的不幸,他们的丧失是不可补偿的。世间有诸多的不平等,财富的不平等,权力的不平等,而阅读能力的拥有或丧失却体现为精神的不平等。

一个人的一生,只能经历自己拥有的那一份欣悦,那一份苦难,也许再加上他亲自闻知的那一些关于自身以外的经历和经验。然而,人们通过阅读,却能进入不同时空的诸多他人的世界。这样,具有阅读能力的人,无形间获得了超越有限生命的无限可能性。阅读不仅使他多识了草木虫鱼之名,而且可以上溯远古下及未来,饱览存在的与非存在的奇风异俗。

更为重要的是,读书加惠于人们的不仅是知识的增广,而且还在于精神的感化与陶冶。人们从读书学做人,从那些往哲先贤以及当代才俊的著述中学得他们的人格。人们从《论语》中学得智慧的思考,从《史记》中学得严肃的历史精神,从《正气歌》中学得人格的刚烈,从马克思学得人世//的激情,从鲁迅学得批判精神,从托尔斯泰学得道德的执着。歌德的诗句刻写着睿智的人生,拜伦的诗句呼唤着奋斗的热情。一个读书人,一个有机会

yōngyǒuchāohū gèrén shēngmìng tǐyàn de xìngyùnrén.
拥有 超乎个人 生命 体验的 幸运人。

【容易读错的字词】

作品 7 号——节选自唐继柳编译《二十美金的价值》

【朗读提示】

这篇文章父子对话很多,朗读时注意把孩子稚嫩和渴望的语言与父亲疲惫、不耐烦的语言进行对比,同时,也要区分父亲发怒时和平静之后语言的鲜明不同。

【重点字词】

(1)爸爸 bàba　(2)点儿 diǎnr　(3)什么 shénme　(4)这个 zhège
(5)告诉 gàosu　(6)小孩儿 xiǎoháir　(7)想想 xiǎngxiang　(8)那么 nàme
(9)玩儿 wánr　(10)东西 dōngxi　(11)要过 yàoguo　(12)火儿 huǒr
(13)谢谢 xièxie　(14)枕头 zhěntou　(15)弄皱 nòngzhòu

【朗读作品】

Yī tiān, bàba xiàbān huídào jiā yǐ·jīng hěn wǎn le, tā hěn lèi yě yǒu diǎnr fán, tā
一天,爸爸下班回到家 已经很 晚 了,他很 累 也 有 点儿 烦,他
fāxiàn wǔ suì de érzi kào zài mén páng zhèng děngzhe tā.
发现五岁的儿子靠在门 旁 正 等着他。

"Bà, wǒ kěyǐ wèn nín yī gè wèntí ma?"
"爸,我 可以 问 您 一 个 问题吗?"

"Shénme wèntí?" "Bà, nín yī xiǎoshí kěyǐ zhuàn duō·shǎo qián?" "Zhè yǔ nǐ wúguān, nǐ
"什么问题?""爸,您一小时可以 赚 多 少 钱?""这与你无关,你
wèishénme wèn zhège wèntí?" Fù·qīn shēngqì de shuō.
为什么问 这个 问题?"父亲生气地 说。

"Wǒ zhǐshì xiǎng zhī·dào, qǐng gàosu wǒ, nín yī xiǎoshí zhuàn duō·shǎo qián?" Xiǎoháir
"我只是 想 知道,请 告诉我,您 一 小时 赚 多 少 钱?"小孩儿
āiqiú dào. "Jiǎrú nǐ yīdìng yào zhī·dào de huà, wǒ yī xiǎoshí zhuàn èrshí měijīn."
哀求道。"假如你 一定要 知道 的话,我 一小时 赚 二十美金。"

"Ò," Xiǎoháir dīxiàle tóu, jiēzhe yòu shuō, "Bà, kěyǐ jiè wǒ shí měijīn ma?" Fù·qīn
"哦,"小孩儿低下了头,接着又 说,"爸,可以借 我 十 美金吗?"父亲
fānù le: "Rúguǒ nǐ zhǐshì yào jiè qián qù mǎi háowú yìyì de wánjù de huà, gěi wǒ huídào nǐ
发怒了:"如果你 只是要 借钱 去 买 毫无意义的玩具的话,给 我 回到你
de fángjiān shuìjiào·qù. Hǎohǎo xiǎngxiang wèishénme nǐ huì nàme zìsī. Wǒ měitiān xīnkǔ
的 房间 睡觉 去。好好 想想 为什么你 会 那么自私。我 每天辛苦
gōngzuò, méi shíjiān hé nǐ wánr xiǎoháizi de yóuxì."
工作,没 时间和你 玩儿小孩子的 游戏。"

Xiǎoháir mòmò de huídào zìjǐ de fángjiān guān·shàng mén.
小孩儿默默地回到自己的房间关上门。
　　Fù·qīn zuò xià lái hái zài shēngqì. Hòulái, tā píngjìng xià·lái le. Xīnxiǎng tā kěnéng duì
父亲坐下来还在生气。后来，他平静下来了。心想他可能对
háizi tài xiōng le —— huòxǔ háizi zhēndehěn xiǎng mǎi shénmedōngxi, zài shuō tā píngshíhěnshǎo
孩子太凶了——或许孩子真的很想买什么东西，再说他平时很少
yàoguoqián.
要过钱。
　　Fù·qīn zǒujìn háizi de fángjiān: "Nǐ shuì le ma?" "Bà, hái méi·yǒu, wǒ hái xǐngzhe."
父亲走进孩子的房间："你睡了吗？""爸，还没有，我还醒着。"
Háizi huídá.
孩子回答。
　　"Wǒ gāngcái kěnéng duì nǐ tài xiōng le," Fù·qīn shuō, "Wǒ bù yīnggāi fā nàme dà de
"我刚才可能对你太凶了，"父亲说，"我不应该发那么大的
huǒr —— zhè shì nǐ yào de shí měijīn." "Bà, xièxie nín." Háizi gāoxìng de cóng zhěntou·xià
火儿——这是你要的十美金。""爸，谢谢您。"孩子高兴地从枕头下
náchū yīxiē bèi nòngzhòu de chāopiào, mànmàn de shǔzhe.
拿出一些被弄皱的钞票，慢慢地数着。
　　"Wèishénme nǐ yǐ·jīng yǒu qián le hái yào?" Fù·qīn bùjiě de wèn.
"为什么你已经有钱了还要？"父亲不解地问。
　　"Yīn·wèiyuánlái bùgòu, dàn xiànzài còugòu le." Háizi huídá: "Bà, wǒ xiànzàiyǒu// èrshí
"因为原来不够，但现在凑够了。"孩子回答："爸，我现在有//二十
měijīn le, wǒ kěyǐ xiàng nín mǎi yī gè xiǎoshí de shíjiān ma? Míngtiān qǐng zǎo yīdiǎnr
美金了，我可以向您买一个小时的时间吗？明天请早一点儿
huíjiā —— wǒ xiǎng hé nín yīqǐ chī wǎncān."
回家——我想和您一起吃晚餐。"

【容易读错的字词】

作品 8 号——节选自巴金《繁星》

【朗读提示】

　　作品中三次写繁星，由于年龄、阅历、心情和时间、地点、氛围的不同，表现出的意境和感受就不同：第一次是在自家院子，卧看时，所见的天空有限，显得深而且远，因此有回到母亲怀里的感觉；第二次是在南京的菜园地，作者当时挣脱出了封建家庭的樊笼，因此觉得星星很亲切，光明无处不在；第三次是在海上，船动星移。

【重点字词】

（1）时候 shíhou　（2）仿佛 fǎngfú　（3）似的 shìde　（4）地方 dìfang

(5)虽然 suīrán (6)认得 rènde (7)星星 xīngxing (8)朋友 péngyou (9)熟 shú (10)半明半昧 bànmíng-bànmèi (11)眼睛 yǎnjing (12)模糊 móhu (13)认识 rènshi (14)清楚 qīngchu

【朗读作品】

我爱月夜,但我也爱星天。从前在家乡七八月的夜晚在庭院里纳凉的时候,我最爱看天上密密麻麻的繁星。望着星天,我就会忘记一切,仿佛回到了母亲的怀里似的。

三年前在南京我住的地方有一道后门,每晚我打开后门,便看见一个静寂的夜。下面是一片菜园,上面是星群密布的蓝天。星光在我们的肉眼里虽然微小,然而它使我们觉得光明无处不在。那时候我正在读一些天文学的书,也认得一些星星,好像它们就是我的朋友,它们常常在和我谈话一样。

如今在海上,每晚和繁星相对,我把它们认得很熟了。我躺在舱面上,仰望天空。深蓝色的天空里悬着无数半明半昧的星。船在动,星也在动,它们是这样低,真是摇摇欲坠呢!渐渐地我的眼睛模糊了,我好像看见无数萤火虫在我的周围飞舞。海上的夜是柔和的,是静寂的,是梦幻的。我望着许多认识的星,我仿佛看见它们在对我眨眼,我仿佛听见它们在小声说话。这时我忘记了一切。在星的怀抱中我微笑着,我沉睡着。我觉得自己是一个小孩子,现在睡在母亲的怀里了。

有一夜,那个在哥伦波上船的英国人指给我看天上的巨人。他用手指着://那四颗明亮的星是头,下面的几颗是

shēnzi, zhè jǐ kē shì shǒu, nà jǐ kē shì tuǐ hé jiǎo, hái yǒu sān kē xīngsuàn shì yāodài. Jīng
身子,这几颗是手,那几颗是腿和脚,还有三颗星算是腰带。经
tā zhè yī fān zhǐdiǎn, wǒ guǒrán kàn qīngchule nàge tiān·shàng de jùrén. Kàn, nàge jùrén hái
他这一番指点,我果然看清楚了那个天上的巨人。看,那个巨人还
zài pǎo ne!
在跑呢!

【容易读错的字词】

作品9号——节选自李恒瑞《风筝畅想曲》

【朗读提示】

这是一篇关于童年美好回忆的作品,语言清新自然。朗读时可以使用甜美的声音,把作者的童趣勾勒出来。最后一个自然段和倒数第二自然段的最后一句话是全文的画龙点睛之笔,朗读时应饱含着深深的思乡之情和爱国之情。

【重点字词】

(1)转转 zhuànzhuan　(2)风筝 fēngzheng　(3)一头 yītóur　(4)系 jì
(5)编扎 biānzā　(6)削 xiāo　(7)薄 báo　(8)篾 miè　(9)勾勒 gōulè
(10)美人儿 měirénr　(11)叔叔 shūshu　(12)蒲苇 púwěi
(13)胡同 hútòngr　(14)左邻右舍 zuǒlín-yòushè　(15)几乎 jīhū
(16)尽管 jǐnguǎn　(17)游弋 yóuyì　(18)线头儿 xiàntóur　(19)地方 dìfang

【朗读作品】

　　Jiàrì dào hétān·shàng zhuànzhuan, kàn·jiàn xǔduō háizi zài fàng fēngzheng. Yī gēn gēn
　　假日到河滩上转转,看见许多孩子在放风筝。一根根
chángcháng de yǐnxiàn, yītóu jì zài tiān·shàng, yītóu jì zài dì·shàng, háizi tóng fēngzheng dōu
长长的引线,一头系在天上,一头系在地上,孩子同风筝都
zài tiān yǔ dì zhījiān yōudàng, lián xīn yě bèi yōudàng dé huǎnghuǎng-hūhū le, hǎoxiàng yòu huídào
在天与地之间悠荡,连心也被悠荡得恍恍惚惚了,好像又回到
le tóngnián.
了童年。

　　Érshí fàng de fēngzheng, dàduō shì zìjǐ de zhǎngbèi huò jiārén biānzā de, jǐ gēn xiāo de
　　儿时放的风筝,大多是自己的长辈或家人编扎的,几根削得
hěn báo de miè, yòng xì shāxiàn zā chéng gè zhǒng niǎo shòu de zàoxíng, hú·shàng xuěbái de
很薄的篾,用细纱线扎成各种鸟兽的造型,糊上雪白的
zhǐpiàn, zài yòng cǎibǐ gōulè chū miànkǒng yǔ chìbǎng de tú·àn. Tōngcháng zā de zuì duō de
纸片,再用彩笔勾勒出面孔与翅膀的图案。通常扎得最多的
shì "lǎodiāo" "měirénr" "huā húdié" děng.
是"老雕""美人儿""花蝴蝶"等。

我们家前院就有位叔叔，擅扎风筝，远近闻名。他扎的风筝不只体形好看，色彩艳丽，放飞得高远，还在风筝上绷一叶用蒲苇削成的膜片，经风一吹，发出"嗡嗡"的声响，仿佛是风筝的歌唱，在蓝天下播扬，给开阔的天地增添了无尽的韵味，给驰荡的童心带来几分疯狂。

我们那条胡同的左邻右舍的孩子们放的风筝几乎都是叔叔编扎的。他的风筝不卖钱，谁上门去要，就给谁，他乐意自己贴钱买材料。

后来，这位叔叔去了海外，放风筝也渐与孩子们远离了。不过年年叔叔给家乡写信，总不忘提起儿时的放风筝。香港回归之后，他在家信中说到，他这只被故乡放飞到海外的风筝，尽管飘荡游弋，经沐风雨，可那线头儿一直在故乡和//亲人手中牵着，如今飘得太累了，也该要回归到家乡和亲人身边来了。

是的。我想，不光是叔叔，我们每个人都是风筝，在妈妈手中牵着，从小放到大，再从家乡放到祖国最需要的地方去啊！

【容易读错的字词】

作品10号——节选自[美]艾尔玛·邦贝克《父亲的爱》

【朗读提示】

朗读时，区分爸爸的行为和妈妈的行为。在朗读爸爸的行为时要责备中带有理解和含蓄，以及最后对爸爸深沉的爱的眷顾，不能大声地斥责。

【重点字词】

(1)融洽 róngqià　(2)相处 xiāngchǔ　(3)做过 zuòguo　(4)告诉 gàosu

(5)卸 xiè　(6)赔偿 péicháng　(7)妈妈 māma　(8)明白 míngbai
(9)短柬 duǎnjiǎn　(10)空位 kòngwèi　(11)什么 shénme
(12)相称 xiāngchèn　(13)爸爸 bàba　(14)笑容可掬 xiàoróng-kějū
(15)不可胜数 bùkě-shèngshǔ　(16)教 jiāo　(17)时候 shíhou
(18)点儿 diǎnr　(19)急诊室 jízhěnshì　(20)似乎 sìhū　(21)结果 jiéguǒ
(22)擤 xǐng

【朗读作品】

　　Bà bù dǒng·dé zěnyàng biǎodá ài, shǐ wǒmen yī jiā rén róngqià xiāngchǔ de shì wǒ mā.
爸不懂得怎样表达爱,使我们一家人融洽相处的是我妈。
Tā zhǐshì měi tiān shàngbānxiàbān, ér mā zé bǎ wǒmen zuòguò de cuòshì kāiliè qīngdān, ránhòuyóu
他只是每天上班下班,而妈则把我们做过的错事开列清单,然后由
tā lái zémà wǒmen.
他来责骂我们。

　　Yǒu yī cì wǒ tōule yī kuài tángguǒ, tā yào wǒ bǎ tā sòng huí·qù, gàosu màitáng de
有一次我偷了一块糖果,他要我把它送回去,告诉卖糖的
shuō shì wǒ tōu·lái de, shuō wǒ yuàn·yì tì tā chāi xiāng xiè huò zuòwéi péicháng. Dàn māma
说是我偷来的,说我愿意替他拆箱卸货作为赔偿。但妈妈
què míngbai wǒ zhǐshì gè háizi.
却明白我只是个孩子。

　　Wǒ zài yùndòngchǎng dǎ qiūqiān diēduànle tuǐ, zài qiánwǎngyīyuàntúzhōng yīzhí bàozhe wǒ de,
我在运动场打秋千跌断了腿,在前往医院途中一直抱着我的,
shì wǒ mā. Bà bǎ qìchē tíng zài jízhěnshì ménkǒu, tāmen jiào tā shǐkāi, shuō nà kòngwèi shì liúgěi
是我妈。爸把汽车停在急诊室门口,他们叫他驶开,说那空位是留给
jǐnjí chēliàng tíngfàng de. Bà tīngle biàn jiàorǎng dào: "Nǐ yǐwéi zhè shì shénme
紧急车辆停放的。爸听了便叫嚷道:"你以为这是什么
chē? Lǚyóuchē?"
车?旅游车?"

　　Zài wǒ shēngrì huì·shàng, bà zǒngshì xiǎn·dé yǒuxiē bùdà xiāngchèn. Tā zhǐshì máng yú chuī
在我生日会上,爸总是显得有些不大相称。他只是忙于吹
qìqiú, bùzhì cānzhuō, zuò záwù. Bǎ chāzhe làzhú de dàngāo tuī guò·lái ràng wǒ chuī de, shì
气球,布置餐桌,做杂务。把插着蜡烛的蛋糕推过来让我吹的,是
wǒ mā.
我妈。

　　Wǒ fānyuèzhàoxiàngcè shí, rénmen zǒngshì wèn: "Nǐ bàba shì shénmeyàngzi de?" Tiān xiǎo·
我翻阅照相册时,人们总是问:"你爸爸是什么样子的?"天晓
dé! Tā lǎoshì mángzhe tì bié·rén pāizhào. Mā hé wǒ xiàoróng-kějū de yīqǐ pāi de zhàopiàn,
得!他老是忙着替别人拍照。妈和我笑容可掬地一起拍的照片,
duō de bùkě-shèngshǔ.
多得不可胜数。

　　Wǒ jì·dé mā yǒu yī cì jiào tā jiāo wǒ qí zìxíngchē. Wǒ jiào tā bié fàngshǒu, dàn tā
我记得妈有一次叫他教我骑自行车。我叫他别放手,但他

却说是应该放手的时候了。我摔倒之后,妈跑过来扶我,爸却挥手要她走开。我当时生气极了,决心要给他点儿颜色看。于是我马上爬上自行车,而且自己骑给他看。他只是微笑。

我念大学时,所有的家信都是妈写的。他//除了寄支票外,还寄过一封短柬给我,说因为我不在草坪上踢足球了,所以他的草坪长得很美。

每次我打电话回家,他似乎都想跟我说话,但结果总是说:"我叫你妈来接。"

我结婚时,掉眼泪的是我妈。他只是大声擤了一下鼻子,便走出房间。

我从小到大都听他说:"你到哪里去?什么时候回家?汽车有没有汽油?不,不准去。"爸完全不知道怎样表达爱。除非……

会不会是他已经表达了,而我却未能察觉?

【容易读错的字词】

作品11号——节选自冯骥才《国家荣誉感》

【朗读提示】

本篇作品写了作者从足球比赛领悟出的感受,朗读时应该注意语调自然,感情真切,节奏明朗适中。

【重点字词】

(1)脑袋 nǎodai (2)怎么 zěnme (3)魅力 mèilì (4)东西 dōngxi
(6)血 xiě (8)那么 nàme (9)清晰 qīngxī (10)因子 yīnzǐ
(11)血缘 xuèyuán (12)血管 xuèguǎn (13)热血 rèxuè
(14)沸腾 fèiténg (7)似乎 sìhū (15)男儿 nán'ér (16)戎装 róngzhuāng

【朗读作品】

一个大问题一直盘踞在我脑袋里:世界杯怎么会有如此巨大的吸引力?除去足球本身的魅力之外,还有什么超乎其上而更伟大的东西?

近来观看世界杯,忽然从中得到了答案:是由于一种无上崇高的精神情感——国家荣誉感!

地球上的人都会有国家的概念,但未必时时都有国家的感情。往往人到异国,思念家乡,心怀故国,这国家概念就变得有血有肉,爱国之情来得非常具体。而现代社会,科技昌达,信息快捷,事事上网,世界真是太小太小,国家的界限似乎也不那么清晰了。再说足球正在快速世界化,平日里各国球员频繁转会,往来随意,致使越来越多的国家联赛都具有国际的因素。球员们不论国籍,只效力于自己的俱乐部,他们比赛时的激情中完全没有爱国主义的因子。

然而,到了世界杯大赛,天下大变。各国球员都回国效力,穿上与光荣的国旗同样色彩的服装。在每一场比赛前,还高唱国歌以宣誓对自己祖国的挚爱与忠诚。一种血缘情感开始在全身的血管里燃烧起来,而且立刻热血沸腾。

在历史时代,国家间经常发生对抗,好男儿戎装卫国。国家的荣誉往往需要以自己的生命去换//取。但在和平时代,惟有这种国家之间大规模对抗性的大赛,才可以唤起那种遥远而神圣的情感,那就是:为祖国而战!

【容易读错的字词】

作品 12 号——节选自峻青《海滨仲夏夜》

【朗读提示】

本篇是优美的写景散文。作者抓住夕阳落山不久——月到中天这段时间的光线和色彩的变化,描绘了夏夜海滨的景色和劳动者的闲适、欢愉的休憩场面,抒发了对美好生活的赞美之情。朗读时热情、真切,让听者从你的声音里感受到大自然的多姿多彩和生活之美。

【重点字词】

(1)波浪 bōlàng　(3)涌起 yǒngqǐ　(4)时候 shíhou　(5)火焰 huǒyàn
(6)闪烁 shǎnshuò　(7)绯红 fēihóng　(8)那么 nàme　(9)围绕 wéirào
(10)晃动 huàngdòng　(11)苍穹 cāngqióng　(12)煞 shà　(13)兴奋 xīngfèn
(14)吹拂 chuīfú　(15)混合 hùnhé　(16)香味儿 xiāngwèir
(17)炙晒 zhìshài　(18)休憩 xiūqì

【朗读作品】

夕阳落山不久,西方的天空,还燃烧着一片橘红色的晚霞。大海,也被这霞光染成了红色,而且比天空的景色更要壮观。因为它是活动的,每当一排排波浪涌起的时候,那映照在浪峰上的霞光,又红又亮,简直就像一片片霍霍燃烧着的火焰,闪烁着,消失了。而后面的一排,又闪烁着,滚动着,涌了过来。

天空的霞光渐渐地淡下去了,深红的颜色变成了绯红,绯红又变为浅红。最后,当这一切红光都消失了的时候,那突然显得高而远了的天空,则呈现出一片肃穆的神色。最早出现的启明星,在这蓝色的天幕上闪烁起来了。它是那么大,那么亮,整个广漠的天幕上只有它在那里放射着令人注目的光辉,活像一盏悬挂在高空的明灯。

夜色加浓，苍空中的"明灯"越来越多了。而城市各处的真的灯火也次第亮了起来，尤其是围绕在海港周围山坡上的那一片灯光，从半空倒映在乌蓝的海面·上，随着波浪，晃动着，闪烁着，像一串流动着的珍珠，和那一片片密布在苍穹·里的星斗互相辉映，煞是好看。

在这幽美的夜色中，我踏着软绵绵的沙滩，沿着海边，慢慢地向前走·去。海水，轻轻地抚摸着细软的沙滩，发出温柔的//刷刷声。晚来的海风，清新而又凉爽。我的心里，有着说·不出的兴奋和愉快……

夜风轻飘飘地吹拂·着，空气中飘荡·着一种大海和田禾相混合的香味儿，柔软的沙滩·上还残留着白·天太·阳炙晒的余温。那些在各个工作岗位·上劳动了一天的人们，三三两两地来到这软绵绵的沙滩·上，他们浴着凉爽的海风，望着那缀满了星星的夜空，尽情地说笑，尽情地休憩。

【容易读错的字词】

作品13号——节选自童裳亮《海洋与生命》

【朗读提示】

这是一篇说明文，字里行间充满了对生命之源——水的赞美之情，朗读时注意融入这种情感，做到客观说明和情感表达的有机结合。

【重点字词】

(1)性质 xìngzhì　(2)部分 bùfen　(3)反应 fǎnyìng　(4)曝晒 pùshài

(5)比较 bǐjiào　(6)虽然 suīrán　(7)扼杀 èshā　(8)提供 tígōng

【朗读作品】

生命在海洋里诞生绝不是偶然的,海洋的物理和化学性质,使它成为孕育原始生命的摇篮。

我们知道,水是生物的重要组成部分,许多动物组织的含水量在百分之八十以上,而一些海洋生物的含水量高达百分之九十五。水是新陈代谢的重要媒介,没有它,体内的一系列生理和生物化学反应就无法进行,生命也就停止。因此,在短时期内动物缺水要比缺少食物更加危险。水对今天的生命是如此重要,它对脆弱的原始生命,更是举足轻重了。生命在海洋里诞生,就不会有缺水之忧。

水是一种良好的溶剂。海洋中含有许多生命所必需的无机盐,如氯化钠、氯化钾、碳酸盐、磷酸盐,还有溶解氧,原始生命可以毫不费力地从中吸取它所需要的元素。

水具有很高的热容量,加之海洋浩大,任凭夏季烈日曝晒,冬季寒风扫荡,它的温度变化却比较小。因此,巨大的海洋就像是天然的"温箱",是孕育原始生命的温床。

阳光虽然为生命所必需,但是阳光中的紫外线却有扼杀原始生命的危险。水能有效地吸收紫外线,因而又为原始生命提供了天然的"屏障"。

这一切都是原始生命得以产生和发展的必要条件。//

【容易读错的字词】

作品14号——节选自林清玄《和时间赛跑》

【朗读提示】

朗读前半部分时，语速缓慢，表现悲痛、不解、低沉的心情；朗读后半部分时要带有坚定、沉稳的心情，语速稍快。

【重点字词】

（1）时候 shíhou （2）圈儿 quānr （3）日子 rìzi （4）爸爸 bàba
（5）妈妈 māma （6）睡着了 shuìzháole （7）什么 shénme （8）这么 zhème
（9）度过了 dùguòle （10）着急 zháojí （11）那么 nàme （12）心眼儿 xīnyǎnr
（13）跳跃 tiàoyuè （14）哥哥 gēge （15）怎么 zěnme （16）告诉 gàosu

【朗读作品】

读小学的时候，我的外祖母去世了。外祖母生前最疼爱我，我无法排除自己的忧伤，每天在学校的操场上一圈儿又一圈儿地跑着，跑得累倒在地上，扑在草坪上痛哭。

那哀痛的日子，断断续续地持续了很久，爸爸妈妈也不知道如何安慰我。他们知道与其骗我说外祖母睡着了，还不如对我说实话：外祖母永远不会回来了。

"什么是永远不会回来呢？"我问着。

"所有时间里的事物，都永远不会回来。你的昨天过去，它就永远变成昨天，你不能再回到昨天。爸爸以前也和你一样小，现在也不能回到你这么小的童年了；有一天你会长大，你会像外祖母一样老；有一天你度过了你的时间，就永远不会回来了。"爸爸说。

爸爸等于给我一个谜语，这谜语比课本上的"日历挂在墙壁，一天撕去一页，使我心里着急"和"一寸光阴一寸金，寸金难买寸光阴"还让我感到可怕;也比作文本上的"光阴似箭,日月如梭"更让我觉得有一种说不出的滋味。

时间过得那么飞快,使我的小心眼儿里不只是着急,还有悲伤。有一天我放学回家,看到太阳快落山了,就下决心说:"我要比太阳更快地回家。"我狂奔回去,站在庭院前喘气的时候,看到太阳//还露着半边脸,我高兴地跳跃起来,那一天我跑赢了太阳。以后我就时常做那样的游戏,有时和太阳赛跑,有时和西北风比快,有时一个暑假才能做完的作业,我十天就做完了;那时我三年级,常常把哥哥五年级的作业拿来做。每一次比赛胜过时间,我就快乐得不知道怎么形容。

如果将来我有什么要教给我的孩子,我会告诉他:假若你一直和时间比赛,你就可以成功!

【容易读错的字词】

作品 15 号——节选自陈灼主编《实用汉语中级教程(上)》中《胡适的白话电报》

【朗读提示】

文章对话较多,注意学生和胡适两种角色语言的区别,朗读时稍作夸张,把两者截然不同的观点通过自己的声音鲜明地突显出来。

【重点字词】

(1)喜欢 xǐhuan (2)学生 xuésheng (3)先生 xiānsheng (4)朋友 péngyou (5)这个 zhège (6)意思 yìsi (7)看看 kànkan (8)学问 xuéwen (9)干不了 gàn·buliǎo (10)谢谢 xièxie

【朗读作品】

三十年代初,胡适在北京大学任教授。讲课时他常常对白话文大加称赞,引起一些只喜欢文言文而不喜欢白话文的学生的不满。

一次,胡适正讲得得意的时候,一位姓魏的学生突然站了起来,生气地问:"胡先生,难道说白话文就毫无缺点吗?"胡适微笑着回答说:"没有。"那位学生更加激动了:"肯定有!白话文废话太多,打电报用字多,花钱多。"胡适的目光顿时变亮了,轻声地解释说:"不一定吧!前几天有位朋友给我打来电报,请我去政府部门工作,我决定不去,就回电拒绝了。复电是用白话写的,看来也很省字。请同学们根据我这个意思,用文言文写一个回电,看看究竟是白话文省字,还是文言文省字?"胡教授刚说完,同学们立刻认真地写了起来。

十五分钟过去,胡适让同学举手,报告用字的数目,然后挑了一份用字最少的文言电报稿,电文是这样写的:

"才疏学浅,恐难胜任,不堪从命。"白话文的意思是:学问不深,恐怕很难担任这个工作,不能服从安排。

胡适说,这份写得确实不错,仅用了十二个字。但我的白话电报却只用了五个字:

"干不了,谢谢!"

胡适又解释说:"干不了"就有才疏学浅、恐难胜任的意思;"谢谢"既//对朋友的介绍表示感谢,又有拒绝的意思。所以,废话多不多,并不看它是文言文还是白话文,只要注意选用字词,白话文是可以比文言文更省字的。

【容易读错的字词】

作品16号——节选自[俄]柯罗连科《火光》,张铁夫译

【朗读提示】

文章展现了黑暗中的火光,可以冲破朦胧的夜色,闪闪发亮,令人神往。尽管它也许很远,但却能给人以希望,给人以力量,它指引人们走向光明。朗读时要表达出文中体现的对火光的敬意。

【重点字词】

(1)黑黢黢 hēiqūqū （2)蓦地 mòdì （3)地方 dìfang （4)划 huá
(5)那儿 nàr （6)闪烁 shǎnshuò （7)的确 díquè （8)仿佛 fǎngfú
(9)前头 qiántou （10)似乎 sìhū （11)咫尺 zhǐchǐ （12)仍然 réngrán

【朗读作品】

很久以前,在一个漆黑的秋天的夜晚,我泛舟在西伯利亚一条阴森森的河上。船到一个转弯处,只见前面黑黢黢的山峰下面一星火光蓦地一闪。

火光又明又亮,好像就在眼前……

"好啦,谢天谢地!"我高兴地说,"马上就到过夜的地方啦!"

船夫扭头朝身后的火光望了一眼,又不以为然地划起桨来。

"远着呢!"

我不相信他的话,因为火光冲破朦胧的夜色,明明在那儿闪烁。不过船夫是对的,事实上,火光的确还远着呢。

Zhèxiē hēiyè de huǒguāng de tèdiǎn shì: Qūsàn hēi'àn, shǎnshǎn fāliàng, jìn zài yǎnqián,
这些 黑夜的 火光 的 特点 是：驱散黑暗，闪闪 发亮，近 在 眼前，
lìng rén shénwǎng. Zhà yī kàn, zài huá jǐ xià jiù dào le…… Qíshí què hái
令人 神往。乍 一 看，再 划 几 下 就 到 了……其实 却 还
yuǎnzhe ne!……
远着 呢！……

　　Wǒmen zài qīhēi rú mò de hé·shàng yòu huále hěn jiǔ. Yīgègè xiágǔ hé xuányá,
　　我们在 漆黑如 墨 的 河 上 又 划了 很 久。一个个 峡谷 和 悬崖，
yíngmiàn shǐ·lái, yòu xiànghòu yí·qù, fǎngfú xiāoshī zài mángmáng de yuǎnfāng, ér huǒguāng què yīrán
迎面 驶来，又 向后 移去，仿佛 消失 在 茫茫 的 远方，而 火光 却依然
tíng zài qiántou, shǎnshǎn fāliàng, lìng rén shénwǎng —— yīrán shì zhème jìn, yòu yīrán shì nàme
停 在 前头，闪闪 发亮，令人 神往 ——依然 是 这么 近，又 依然 是 那么
yuǎn……
远……

　　Xiànzài, wúlùn shì zhè tiáo bèi xuányáqiàobì de yīnyǐng lǒngzhào de qīhēi de héliú, háishì
　　现在，无论 是 这 条 被 悬崖峭壁的 阴影 笼罩 的 漆黑的 河流，还是
nà yī xīng míngliàng de huǒguāng, dōu jīngcháng fúxiàn zài wǒ de nǎojì, zài zhè yǐqián hé zài zhè
那一 星 明亮 的 火光，都 经常 浮现在 我 的 脑际，在 这 以前 和 在 这
yǐhòu, céng yǒu xǔduō huǒguāng, sìhū jìn zài zhǐchǐ, bùzhǐ shǐ wǒ yī rén xīnchí-shénwǎng.
以后，曾 有 许多 火光，似乎 近 在 咫尺，不止 使 我 一 人 心驰神往。
Kěshì shēnghuó zhī hé què réngrán zài nà yīnsēnsēn de liǎng'àn zhījiān liúzhe, ér huǒguāng yě
可是 生活 之 河 却 仍然 在 那阴森森的 两 岸 之间 流着，而 火光 也
yījiù fēicháng yáoyuǎn. Yīncǐ, bìxū jiājìn huájiǎng……
依旧 非常 遥远。因此，必须 加劲 划桨……

　　Rán'ér, huǒguāng a…… bìjìng…… bìjìng jiù // zài qiántou!……
　　然而，火光 啊……毕竟……毕竟就//在 前头！……

【容易读错的字词】

作品 17 号——节选自老舍《济南的冬天》

【朗读提示】

　　这是一篇充满诗情画意的散文，作者紧紧抓住济南冬天与众不同之处——温情这一特点，表达了对济南冬天的赞美喜爱之情。朗读时把这种情感融汇到自己的声音中。

【重点字词】

(1)济南 Jǐnán　(2)地方 dìfang　(3)那么 nàme　(4)有点儿 yǒudiǎnr
(5)得 děi　(6)眼睛 yǎnjing　(7)暖和 nuǎnhuo　(8)圈儿 quānr
(9)口儿 kǒur　(10)这儿 zhèr　(11)着落 zhuóluò　(12)着急 zháojí

(13)树尖儿 shùjiānr （15）髻儿 jìr （16）看护 kānhù （17）银边 yínbiān
(18)露 lòu （19）一道儿 yīdàor （20）水纹儿 shuǐwénr （21）风儿 fēng'ér
(22)肌肤 jīfū （23）时候 shíhou （25）秀气 xiùqi （24）薄 báo

【朗读作品】

对于一个在北平住惯的人，像我，冬天要是不刮风，便觉得是奇迹；济南的冬天是没有风声的。对于一个刚由伦敦回来的人，像我，冬天要能看得见日光，便觉得是怪事；济南的冬天是响晴的。自然，在热带的地方，日光永远是那么毒，响亮的天气，反有点儿叫人害怕。可是，在北方的冬天，而能有温晴的天气，济南真得算个宝地。

设若单单是有阳光，那也算不了出奇。请闭上眼睛想：一个老城，有山有水，全在天底下晒着阳光，暖和安适地睡着，只等春风来把它们唤醒，这是不是理想的境界？小山整把济南围了个圈儿，只有北边缺着点口儿。这一圈小山在冬天特别可爱，好像是把济南放在一个小摇篮里，它们安静不动地低声地说："你们放心吧，这儿准保暖和。"真的，济南的人们在冬天是面上含笑的。他们一看那些小山，心中便觉得有了着落，有了依靠。他们由天上看到山上，便不知不觉地想起：明天也许就是春天了吧？这样的温暖，今天夜里山草也许就绿起来了吧？就是这点儿幻想不能一时实现，他们也并不着急，因为这样慈善的冬天，干什么还希望别的呢！

最妙的是下点儿小雪呀。看吧，山上的矮松越发的青黑，树尖儿上//顶着一髻儿白花,好像日本看护妇。山尖儿全白了,给蓝天镶上一道银边。山坡上,有的地方雪厚点儿,有的地方草色还露着;这样,一道儿白,一道儿暗黄,给山们穿上一件带水纹儿的花衣;看着看着,这件花衣好像被风儿吹动,叫你希望看见一点儿更美的山的肌肤。等到快日落的时候,微黄的阳光斜射在山腰上,那点儿薄雪好像忽然害羞,微微露出点儿粉色。就是下小雪吧,济南是受不住大雪的,那些小山太秀气。

【容易读错的字词】

作品18号——节选自郑莹《家乡的桥》

【朗读提示】

这是一篇抒发浓浓乡情的散文,朗读时声音要轻柔、甜美,充满了对故乡的赞美之情,节奏要鲜明、舒缓。

【重点字词】

(1)多棱 duōléng (2)兑现 duìxiàn (3)遐想 xiáxiǎng (4)荡过 dàngguo
(5)轻吟 qīngyín (6)露出 lùchū (7)割刈 gēyì (8)晃悠悠 huàngyōuyōu
(9)扁担 biǎndan (10)挑起 tiāoqǐ (11)漂泊 piāobó (12)涌动 yǒngdòng
(13)朝霞 zhāoxiá (14)熠熠 yìyì (15)蜕变 tuìbiàn (16)消息 xiāoxi
(17)透露 tòulù (18)蓦地 mòdì (19)斑斓 bānlán

【朗读作品】

纯朴的家乡村边有一条河,曲曲弯弯,河中架一弯石桥,弓样的小桥横跨两岸。

每天,不管是鸡鸣晓月,日丽中天,还是月华泻地,小桥都印下串串足迹,洒落串串汗珠。那是乡亲为了追求多棱的希望,兑现美好的遐想。弯弯小桥,不时荡过轻吟低唱,不时露出舒心的笑容。

因而，我稚小的心灵，曾将心声献给小桥：你是一弯银色的新月，给人间普照光辉；你是一把闪亮的镰刀，割刈着欢笑的花果；你是一根晃悠悠的扁担，挑起了彩色的明天！哦，小桥走进我的梦中。

我在飘泊他乡的岁月，心中总涌动着故乡的河水，梦中总看到弓样的小桥。当我访南疆探北国，眼帘闯进座座雄伟的长桥时，我的梦变得丰满了，增添了赤橙黄绿青蓝紫。

三十多年过去，我带着满头霜花回到故乡，第一紧要的便是去看望小桥。

啊！小桥呢？它躲起来了？河中一道长虹，浴着朝霞熠熠闪光。哦，雄浑的大桥敞开胸怀，汽车的呼啸、摩托的笛音、自行车的叮铃，合奏着进行交响乐；南来的钢筋、花布，北往的柑橙、家禽，绘出交流欢悦图……

啊！蜕变的桥，传递了家乡进步的消息，透露了家乡富裕的声音。时代的春风，美好的追求，我蓦地记起儿时唱//给小桥的歌，哦，明艳艳的太阳照耀了，芳香甜蜜的花果捧来了，五彩斑斓的岁月拉开了！

我心中涌动的河水，激荡起甜美的浪花。我仰望一碧蓝天，心底轻声呼喊：家乡的桥啊，我梦中的桥！

【容易读错的字词】

作品 19 号——节选自游宇明《坚守你的高贵》

【朗读提示】

本文以建筑设计师莱伊恩的故事向读者讲述了一个深刻的哲理:"恪守着自己的原则,哪怕遭遇到最大的阻力,也要想办法抵达胜利。"朗读时要分成两部分:前一部分是叙事部分,朗读时要平和自然,不必过于夸张;第二部分是最后一个自然段,要使用平稳、沉着的情感基调,不紧不慢地道出哲理来。

【重点字词】

(1)知识 zhīshi　(2)支撑 zhīchēng　(3)固执 gùzhí　(4)悖 bèi
(5)为人 wéirén　(6)接触 jiēchù　(7)装装 zhuāngzhuang
(8)修缮 xiūshàn　(9)弄虚作假 nòngxū-zuòjiǎ　(10)消息 xiāoxi
(11)当地 dāngdì　(12)恪守 kèshǒu

【朗读作品】

　　Sānbǎi duō nián qián, jiànzhù shèjìshī Láiyī'ēn shòumìng shèjìle Yīngguó Wēnzé shìzhèngfǔ
　　三百多年前,建筑设计师莱伊恩受命设计了英国温泽市政府
dàtīng. Tā yùnyòng gōngchéng lìxué de zhīshi, yījù zìjǐ duōnián de shíjiàn, qiǎomiào de
大厅。他运用工程力学的知识,依据自己多年的实践,巧妙地
shèjìle zhǐ yòng yī gēn zhùzi zhīchēng de dàtīng tiānhuābǎn. Yī nián yǐhòu, shìzhèngfǔ quánwēi
设计了只用一根柱子支撑的大厅天花板。一年以后,市政府权威
rénshì jìnxíng gōngchéng yànshōu shí, què shuō zhǐ yòng yī gēn zhùzi zhīchēng tiānhuābǎn tài wēixiǎn,
人士进行工程验收时,却说只用一根柱子支撑天花板太危险,
yāoqiú Láiyī'ēn zài duō jiā jǐ gēn zhùzi.
要求莱伊恩再多加几根柱子。
　　Láiyī'ēn zìxìn zhǐyào yī gēn jiāngù de zhùzi zúyǐ bǎozhèng dàtīng ānquán, tā de "gùzhí"
　　莱伊恩自信只要一根坚固的柱子足以保证大厅安全,他的"固执"
rěnǎole shìzhèng guānyuán, xiǎnxiē bèi sòng·shàng fǎtíng. Tā fēicháng kǔnǎo, jiānchí zìjǐ
惹恼了市政官员,险些被送上法庭。他非常苦恼,坚持自己
yuánxiān de zhǔzhāng ba, shìzhèng guānyuán kěndìng huì lìngzhǎo rén xiūgǎi shèjì; bù jiānchí ba,
原先的主张吧,市政官员肯定会另找人修改设计;不坚持吧,
yòu yǒubèi zìjǐ wéirén de zhǔnzé. Máodùnle hěn cháng yīduàn shíjiān, Láiyī'ēn zhōngyú xiǎngchūle yī
又有悖自己为人的准则。矛盾了很长一段时间,莱伊恩终于想出了一
tiáo miàojì, tā zài dàtīng·lǐ zēngjiāle sì gēn zhùzi, bùguò zhèxiē zhùzi bìng wèi yǔ tiānhuābǎn
条妙计,他在大厅里增加了四根柱子,不过这些柱子并未与天花板
jiēchù, zhǐ·bùguò shì zhuāngzhuang yàngzi.
接触,只不过是装装样子。

三百多年过去了,这个秘密始终没有被人发现。直到前两年,市政府准备修缮大厅的天花板,才发现莱伊恩当年的"弄虚作假"。消息传出后,世界各国的建筑专家和游客云集,当地政府对此也不加掩饰,在新世纪到来之际,特意将大厅作为一个旅游景点对外开放,旨在引导人们崇尚和相信科学。

作为一名建筑师,莱伊恩并不是最出色的。但作为一个人,他无疑非常伟大,这种//伟大表现在他始终恪守着自己的原则,给高贵的心灵一个美丽的住所:哪怕是遭遇到最大的阻力,也要想办法抵达胜利。

【容易读错的字词】

作品 20 号——节选自陶猛译《金子》

【朗读提示】

本文讲述淘金者彼得·弗雷特以自己的勤劳和诚实获得"真金"的故事。朗读前一部分时语气略带失望之情,朗读后一部分时要通过声音把主人公顿悟后的欣喜表现出来。

【重点字词】

(1)河畔 hépàn (2)的确 díquè (3)驻扎 zhùzhā (4)弗 fú

(5)一丁点儿 yīdīngdiǎnr (6)这儿 zhèr (7)即将 jíjiāng

(8)倾盆 qīngpén (9)坑坑洼洼 kēngkēng-wāwā

(10)绿茸茸 lùróngróng(口语一般读 lùrōngrōng) (11)那么 nàme

【朗读作品】

自从传言有人在萨文河畔散步时无意发现了金子后,这里便常有来自四面八方的淘金者。他们都想成为富翁,于是寻遍了整个河床,还在河床上挖出很多大坑,希望借助它们找到更多的金子。的确,有一些人找到了,但另外一些人因为一无所得而只好扫兴归去。

也有不甘心落空的,便驻扎在这里,继续寻找。彼得·弗雷特就是其中一员。他在河床附近买了一块没人要的土地,一个人默默地工作。他为了找金子,已把所有的钱都押在这块土地上。他埋头苦干了几个月,直到土地全变成了坑坑洼洼,他失望了——他翻遍了整块土地,但连一丁点儿金子都没看见。

六个月后,他连买面包的钱都没有了。于是他准备离开这儿到别处去谋生。

就在他即将离去的前一个晚上,天下起了倾盆大雨,并且一下就是三天三夜。雨终于停了,彼得走出小木屋,发现眼前的土地看上去好像和以前不一样:坑坑洼洼已被大水冲刷平整,松软的土地上长出一层绿茸茸的小草。

"这里没找到金子,"彼得忽有所悟地说,"但这土地很肥沃,我可以用来种花,并且拿到镇上去卖给那些富人,他们一定会买些花装扮他们华丽的客厅。//如果真是这样的话,那么我一定会赚许多钱,有朝一日我也会成为富人……"

于是他留了下来,彼得花了不少精力培育花苗,不久田地里长满了美丽娇艳的各色鲜花。

五年以后,彼得终于实现了他的梦想——成了一个富翁。"我是惟一的一个找到真金的人!"他时常不无骄傲地告诉别人,"别人在这儿找不到金子后便远远地离开,而我的'金子'是在这块土地里,只有诚实的人用勤劳才能采集到。"

【容易读错的字词】

作品21号——节选自青白《捐诚》

【朗读提示】

本文叙述了作者在加拿大遇到过的两次募捐,行文质朴,感人至深。朗读时要把这种感人至深、令人难以忘怀的情感,融入娓娓道来的讲述之中。

【重点字词】

(1)遇到过 yùdàoguo　(2)渥太华 Wòtàihuá　(3)麻痹 mábì　(4)喜欢 xǐhuan
(5)小孩儿 xiǎoháir　(6)睽睽 kuíkuí　(7)窘态 jiǒngtài　(8)朋友 péngyou
(9)天儿 tiānr　(10)玫瑰 méi·guī　(11)名字 míngzi　(12)接过 jiēguo
(13)一会儿 yīhuìr　(14)告诉 gàosu　(15)遗孀 yíshuāng　(16)踊跃 yǒngyuè
(17)地方 dìfang　(18)流血 liúxuè　(20)一点儿 yīdiǎnr　(21)谢谢 xièxie

【朗读作品】

我在加拿大学习期间遇到过两次募捐,那情景至今使我难以忘怀。

一天,我在渥太华的街上被两个男孩子拦住去路。他们十来岁,穿得整整齐齐,每人头上戴着个做工精巧、色彩鲜艳的纸帽,上面写着"为帮助患小儿麻痹的伙伴募捐"。其中的一个,不由分说就坐在小凳上给我擦起皮鞋来,另一个则彬彬有礼地发问:"小姐,您是哪国人?喜欢渥太华吗?""小姐,在你们国家有没有小孩儿患小儿麻痹?谁给他们医疗费?"一连串的问题,使我这个有生以来头一次在众目睽睽之下让别人擦鞋的异乡人,从近乎狼狈的窘态中解脱出来。我们像朋友一样聊起天儿来……

几个月之后,也是在街上。一些十字路口处或车站坐着几位老人。他们满头银发,身穿各种老式军装,上面布满了大大小小形形色色的徽章、奖章,每人手捧一大束鲜花,有水仙、石竹、玫瑰及叫不出名字的,一色雪白。匆匆过往的行人纷纷止步,把钱投进这些老人身旁的白色木箱内,然后向他们微微鞠躬,从他们手中接过一朵花。我看了一会儿,有人投一两元,有人投几百元,还有人掏出支票填好后投进木箱。那些老军人毫不注意人们捐多少钱,一直不//停地向人们低声道谢。同行的朋友告诉我,这是为纪念二次大战中参战的勇士,募捐救济残废军人和烈士遗孀,每年一次;认捐的人可谓踊跃,而且秩序井然,气氛庄严。有些地方,人们还耐心地排着队。我想,这是因为他们都知道:正是这些老人们的流血牺牲换来了包括他们信仰自由在内的许许多多。

我两次把那微不足道的一点儿钱捧给他们,只想对他们说声"谢谢"。

【容易读错的字词】

作品 22 号——节选自王文杰《可爱的小鸟》

【朗读提示】

这是一篇描绘人与小鸟和谐共存且感情日趋笃厚的抒情散文,朗读时要以声传情,以情感人。

【重点字词】

(1)袭过 xíguò (2)乘 chéng (3)姗姗 shānshān (4)翅膀 chìbǎng

(5)圈儿 quānr (6)噗啦 pūlā (7)撵 niǎn (8)朋友 péngyou

(9)啄 zhuó (10)塑料 sùliào (11)笃厚 dǔhòu (12)束 shù

(13)舷窗 xiánchuāng (14)嘤嘤 yīngyīng (15)淙淙 cóngcóng

(16)悭吝 qiānlìn (17)哺育 bǔyù (18)憔悴 qiáocuì (19)哪儿 nǎr

(20)胳膊 gēbo

【朗读作品】

没有一片绿叶,没有一缕炊烟,没有一粒泥土,没有一丝花香,只有水的世界,云的海洋。

一阵台风袭过,一只孤单的小鸟无家可归,落到被卷到洋里的木板上,乘流而下,姗姗而来,近了,近了!……

忽然,小鸟张开翅膀,在人们头顶盘旋了几圈儿,"噗啦"一声落到了船上。许是累了?还是发现了"新大陆"?水手撵它它不走,抓它,它乖乖地落在掌心。可爱的小鸟和善良的水手结成了朋友。

瞧,它多美丽,娇巧的小嘴,啄理着绿色的羽毛,鸭子样的扁脚,呈现出春草的鹅黄。水手们把它带到舱里,给它"搭铺",让它在船上安家落户,每天把分到的一塑料筒淡水匀给它喝,把从祖国带来的鲜美的鱼肉分给它吃,天长日久,小鸟和水手的感情日趋笃厚。清晨,当第一束阳光射进舷窗时,它便敞开美丽的歌喉唱啊唱,嘤嘤有韵,宛如春水淙淙。人类给它以生命,它毫不悭吝地把自己的艺术青春奉献给了哺育它的人。可能都是这样？艺术家们的青春只会献给尊敬他们的人。

小鸟给远航生活蒙上了一层浪漫色调。返航时，人们爱不释手，恋恋不舍地想把它带到异乡。可小鸟憔悴了，给水，不喝！喂肉，不吃！油亮的羽毛失去了光泽。是啊，我//们有自己的祖国，小鸟也有它的归宿，人和动物都是一样啊，哪儿也不如故乡好！

慈爱的水手们决定放开它，让它回到大海的摇篮去，回到蓝色的故乡去。离别前，这个大自然的朋友与水手们留影纪念。它站在许多人的头上，肩上，掌上，胳膊上，与喂养过它的人们，一起融进那蓝色的画面……

【容易读错的字词】

作品23号——节选自刘墉《课不能停》

【朗读提示】

这篇文章通过"课不能停"这件事，表达了主题——施舍的最高原则是保持受施者的尊严。朗读时要体会学校的良苦用心，节奏不紧不慢，语调凝重深沉。

【重点字词】

(1)眼睛 yǎnjing　(2)晚上 wǎnshang　(3)仍然 réngrán　(4)停过 tíngguo
(6)犯得着 fàndezháo　(7)时候 shíhou　(8)反应 fǎnyìng　(9)供 gōng
(10)当 dàng　(11)挨 ái　(12)宁愿 nìngyuàn

【朗读作品】

纽约的冬天常有大风雪，扑面的雪花不但令人难以睁开眼睛，甚至呼吸都会吸入冰冷的雪花。有时前一天晚上还是一片晴朗，第二天拉开窗帘，却已经积雪盈尺，连门都推不开了。

遇到这样的情况，公司、商店常会停止上班，学校也通过广播，宣布停课。但令人不解的是，惟有公立小学，仍然开放。只见黄色的校车，艰难地在路边接孩子，老师则一大早就口中喷着热气，铲去车子前后的积雪，小心翼翼地开车去学校。

据统计，十年来纽约的公立小学只因为超级暴风雪停过七次课。这是多么令人惊讶的事。犯得着在大人都无须上班的时候让孩子去学校吗？小学的老师也太倒霉了吧？

于是，每逢大雪而小学不停课时，都有家长打电话去骂。妙的是，每个打电话的人，反应全一样——先是怒气冲冲地责问，然后满口道歉，最后笑容满面地挂上电话。原因是，学校告诉家长：

在纽约有许多百万富翁，但也有不少贫困的家庭。后者白天开不起暖气，供不起午餐，孩子的营养全靠学校里免费的中饭，甚至可以多拿些回家当晚餐。学校停课一天，穷孩子就受一天冻，挨一天饿，所以老师们宁愿自己苦一点儿，也不能停//课。

或许有家长会说：何不让富裕的孩子在家里，让贫穷的孩子去学校享受暖气和营养午餐呢？

学校的答复是：我们不愿让那些穷苦的孩子感到他们是在接受救济，因为施舍的最高原则是保持受施者的尊严。

【容易读错的字词】

作品 24 号——节选自严文井《莲花和樱花》

【朗读提示】

本文是一篇表达中日人民友好的文章,语言通俗易通,朗读时声音要松弛,语气要自然亲切。

【重点字词】

(1)瞬间 shùnjiān　(2)奈良 Nàiliáng　(3)东西 dōngxi　(4)友谊 yǒuyì

(5)愉快 yúkuài　(6)累累 léiléi　(7)莲子 liánzǐ　(8)成熟 chéngshú

(9)禁不住 jīnbuzhù　(10)朋友 péngyou　(11)结识 jiéshí

(12)用得着 yòngdezháo　(13)瞩望 zhǔwàng

【朗读作品】

十年,在历史上不过是一瞬间。只要稍加注意,人们就会发现:在这一瞬间里,各种事物都悄悄经历了自己的千变万化。

这次重新访日,我处处感到亲切和熟悉,也在许多方面发觉了日本的变化。就拿奈良的一个角落来说吧,我重游了为之感受很深的唐招提寺,在寺内各处匆匆走了一遍,庭院依旧,但意想不到还看到了一些新的东西。其中之一,就是近几年从中国移植来的"友谊之莲"。

在存放鉴真遗像的那个院子里,几株中国莲昂然挺立,翠绿的宽大荷叶正迎风而舞,显得十分愉快。开花的季节已过,荷花朵朵已变为莲蓬累累。莲子的颜色正在由青转紫,看来已经成熟了。

我禁不住想:"因"已转化为"果"。

中国的莲花开在日本,日本的樱花开在中国,这不是偶然。

我希望这样一种盛况延续不衰。可能有人不欣赏花,但决不会有人欣赏落在自己面前的炮弹。

在这些日子里,我看到了不少多年不见的老朋友,又结识了一些新朋友。大家喜欢涉及的话题之一,就是古长安和古奈良。那还用得着问吗,朋友们缅怀过去,正是瞩望未来。瞩目于未来的人们必将获得未来。

我不例外,也希望一个美好的未来。

为//了中日人民之间的友谊,我将不浪费今后生命的每一瞬间。

【容易读错的字词】

作品25号——节选自朱自清《绿》

【朗读提示】

本文描绘了梅雨潭"奇异"、"醉人"的绿,字里行间洋溢着一种浓郁的诗味——诗的情感、诗的意境、诗的语言,所以朗读时语调舒展柔和,饱含着诗情画意。

【重点字词】

(1)揪 jiū (2)穹 qióng (3)襟袖 jīnxiù (4)仿佛 fǎngfú (5)两臂 liǎngbì
(6)着实 zhuóshí (7)皱缬 zhòuxié (8)裙幅 qúnfú (9)尘滓 chénzǐ
(10)见过 jiànguo (11)什刹海 Shíchàhǎi (12)拂地 fúdì (13)似乎 sìhū
(14)虎跑寺 Hǔpáosì (15)高峻 gāojùn (16)什么 shénme (17)比拟 bǐnǐ
(18)怎么 zěnme (19)蕴蓄 yùnxù (20)似的 shìde (21)挹 yì
(22)明眸善睐 míngmóu-shànlài (23)抚摩 fǔmó (24)姑娘 gūniang
(25)掬 jū (26)名字 míngzi (27)不禁 bùjīn (28)惊诧 jīngchà

【朗读作品】

梅雨潭闪闪的绿色招引着我们,我们开始追捉她那离合的神光了。揪着草,攀着乱石,小心探身下去,又鞠躬过了一个石穹门,便到了汪汪一碧的潭边了。

瀑布在襟袖之间,但是我的心中已没有瀑布了。我的心随潭水的绿而摇荡。那醉人的绿呀!仿佛一张极大极大的荷叶铺着,满是奇异的绿呀。我想张开两臂抱住她,但这是怎样一个妄想啊。

站在水边,望到那面,居然觉着有些远呢!这平铺着、厚积着的绿,着实可爱。她松松地皱缬着,像少妇拖着的裙幅;她滑滑的明亮着,像涂了"明油"一般,有鸡蛋清那样软,那样嫩;她又不杂些尘滓,宛然一块温润的碧玉,只清清的一色——但你却看不透她!

我曾见过北京什刹海拂地的绿杨,脱不了鹅黄的底子,似乎太淡了。我又曾见过杭州虎跑寺近旁高峻而深密的"绿壁",丛叠着无穷的碧草与绿叶的,那又似乎太浓了。其余呢,西湖的波太明了,秦淮河的也太暗了。可爱的,我将什么来比拟你呢?我怎么比拟得出呢?大约潭是很深的,故能蕴蓄着这样奇异的绿;仿佛蔚蓝的天融了一块在里面似的,这才这般的鲜润啊。那醉人的绿呀!我若能裁你以为带,我将赠给那轻盈的//舞女,她必能临风飘举了。我若能挹你以为眼,我将赠给那善歌的盲妹,她必明眸善睐了。我舍不得你,我怎舍得你呢?我用手拍着你,抚摩着你,如同一个十二三岁的小姑娘。我又掬你入口,便是吻着她了。我送你一个名字,我从此叫你"女儿绿",好吗?

Dì-èr cì dào Xiānyán de shíhou, wǒ bùjīn jīngchà yú Méiyǔtán de lù le.
第二次到仙岩的时候,我不禁惊诧于梅雨潭的绿了。

【容易读错的字词】

作品 26 号——节选自许地山《落花生》

【朗读提示】

这篇文章用落花生质朴的外表但有丰硕的果实来喻示做人要学花生,不哗众取宠,老老实实本分地做一个有用的人。朗读时注意角色的区分,父亲的话语重心长,孩子的话语质朴、活泼。

【重点字词】

(1)空地 kòngdì　(2)那么 nàme　(3)买种 mǎizhǒng　(4)播种 bōzhǒng
(5)尝尝 chángchang　(6)晚上 wǎnshang　(7)难得 nándé　(8)答应 dāying
(9)姐姐 jiějie　(10)哥哥 gēge　(11)便宜 piányi　(12)喜欢 xǐhuan
(13)桃子 táozi　(14)石榴 shíliu　(15)成熟 chéngshú　(16)虽然 suīrán
(17)东西 dōngxi

【朗读作品】

Wǒmen jiā de hòuyuán yǒu bàn mǔ kòngdì, mǔ·qīn shuō: "Ràng tā huāngzhe guài kěxī de,
我们家的后园有半亩空地,母亲说:"让它荒着怪可惜的,
nǐmen nàme ài chī huāshēng, jiù kāipì chū·lái zhòng huāshēng ba." Wǒmen jiě dì jǐ gè dōu hěn
你们那么爱吃花生,就开辟出来种花生吧。"我们姐弟几个都很
gāoxìng, mǎizhǒng, fāndì, bōzhǒng, jiāoshuǐ, méi guò jǐ gè yuè, jūrán shōuhuò le.
高兴,买种,翻地,播种,浇水,没过几个月,居然收获了。

Mǔ·qīn shuō: "Jīnwǎn wǒmen guò yī gè shōuhuòjié, qǐng nǐmen fù·qīn yě lái chángchang wǒmen
母亲说:"今晚我们过一个收获节,请你们父亲也来尝尝我们
de xīn huāshēng, hǎo·bù hǎo?" Wǒmen dōu shuō hǎo. Mǔ·qīn bǎ huāshēng zuòchéngle hǎo jǐ yàng
的新花生,好不好?"我们都说好。母亲把花生做成了好几样
shípǐn, hái fēn·fù jiù zài hòuyuán de máotíng·lǐ guò zhège jié.
食品,还吩咐就在后园的茅亭里过这个节。

Wǎnshang tiānsè bù tài hǎo, kěshì fù·qīn yě lái le, shízài hěn nándé.
晚上天色不太好,可是父亲也来了,实在很难得。

Fù·qīn shuō: "Nǐmen ài chī huāshēng ma?"
父亲说:"你们爱吃花生吗?"

Wǒmen zhēng zhe dāying: "Ài!"
我们争着答应:"爱!"

"Shéi néng bǎ huāshēng de hǎo·chù shuō chū·lái?"
"谁能把花生的好处说出来?"

姐姐说:"花生的味美。"

哥哥说:"花生可以榨油。"

我说:"花生的价钱便宜,谁都可以买来吃,都喜欢吃。这就是它的好处。"

父亲说:"花生的好处很多,有一样最可贵:它的果实埋在地里,不像桃子、石榴、苹果那样,把鲜红嫩绿的果实高高地挂在枝头上,使人一见就生爱慕之心。你们看它矮矮地长在地上,等到成熟了,也不能立刻分辨出来它有没有果实,必须挖出来才知道。"

我们都说是,母亲也点点头。

父亲接下去说:"所以你们要像花生,它虽然不好看,可是很有用,不是外表好看而没有实用的东西。"

我说:"那么,人要做有用的人,不要做只讲体面,而对别人没有好处的人了。"//

父亲说:"对。这是我对你们的希望。"

我们谈到夜深才散。花生做的食品都吃完了,父亲的话却深深地印在我的心上。

【容易读错的字词】

作品 27 号——节选自[俄]屠格涅夫《麻雀》,巴金译

【朗读提示】

这篇文章通过老麻雀拯救小麻雀的故事,歌颂了一种伟大的力量——母爱,事

情的经过写得细致入微,生动形象。朗读时要使用略显夸张的语气表现出这场搏斗,从而渲染出伟大的母爱。最后两个自然段是作者的感受,要使用崇敬、沉着的语气读出来。

【重点字词】

(1)蹑足 nièzú (2)潜行 qiánxíng (3)嗅 xiù (4)白桦树 báihuàshù (5)巢 cháo (6)附近 fùjìn (7)似的 shìde (8)露出 lùchū (9)战栗 zhànlì (10)多么 duōme (11)怪物 guàiwu (12)那儿 nàr (13)鸟儿 niǎo'ér

【朗读作品】

我打猎归来,沿着花园的林阴路走着。狗跑在我前边。

突然,狗放慢脚步,蹑足潜行,好像嗅到了前边有什么野物。

我顺着林阴路望去,看见了一只嘴边还带黄色、头上生着柔毛的小麻雀。风猛烈地吹打着林阴路上的白桦树,麻雀从巢里跌落下来,呆呆地伏在地上,孤立无援地张开两只羽毛还未丰满的小翅膀。

我的狗慢慢向它靠近。忽然,从附近一棵树上飞下一只黑胸脯的老麻雀,像一颗石子似的落到狗的跟前。老麻雀全身倒竖着羽毛,惊恐万状,发出绝望、凄惨的叫声,接着向露出牙齿、大张着的狗嘴扑去。

老麻雀是猛扑下来救护幼雀的。它用身体掩护着自己的幼儿……但它整个小小的身体因恐怖而战栗着,它小小的声音也变得粗暴嘶哑,它在牺牲自己!

在它看来,狗该是多么庞大的怪物啊!然而,它还是不能站在自己高高的、安全的树枝上……一种比它的理智更强烈的力量,使它从那儿扑下身来。

我的狗站住了，向后退了退……看来，它也感到了这种力量。

我赶紧唤住惊慌失措的狗，然后我怀着崇敬的心情，走开了。

是啊，请不要见笑。我崇敬那只小小的、英勇的鸟儿，我崇敬它那种爱的冲动和力量。

爱，我//想，比死和死的恐惧更强大。只有依靠它，依靠这种爱，生命才能维持下去，发展下去。

【容易读错的字词】

作品28号——节选自唐若水译《迷途笛音》

【朗读提示】

朗读这篇文章时可分成两个部分：前三个自然段为一部分，描写迷路的小孩惊慌失措的样子，朗读时节奏紧凑，略带惊慌之情；后面为一部分，描写听到笛音的孩子好像找到了救星，朗读基调是欢快的。

【重点字词】

(1)那儿 nàr　(2)小伙伴 xiǎohuǒbànr　(3)奔 bēn　(4)苍蝇 cāngying

(5)突然 tūrán　(6)循声 xúnshēng　(7)削 xiāo　(8)什么 shénme

(9)乡巴佬儿 xiāngbalǎor　(10)卡廷 Kǎtíng　(11)小家伙儿 xiǎojiāhuor

(12)角色 juésè　(13)小男孩儿 xiǎonánháir

【朗读作品】

那年我六岁。离我家仅一箭之遥的小山坡旁，有一个早已被废弃的采石场，双亲从来不准我去那儿，其实那儿风景十分迷人。

一个夏季的下午,我随着一群小伙伴偷偷上那儿去了。就在我们穿越了一条孤寂的小路后,他们却把我一个人留在原地,然后奔向"更危险的地带"了。

等他们走后,我惊慌失措地发现,再也找不到要回家的那条孤寂的小道了。像只无头的苍蝇,我到处乱钻,衣裤上挂满了芒刺。太阳已经落山,而此时此刻,家里一定开始吃晚餐了,双亲正盼着我回家……想着想着,我不由得背靠着一棵树,伤心地呜呜大哭起来……

突然,不远处传来了声声柳笛。我像找到了救星,急忙循声走去。一条小道边的树桩上坐着一位吹笛人,手里还正削着什么。走近细看,他不就是被大家称为"乡巴佬儿"的卡廷吗?

"你好,小家伙儿,"卡廷说,"看天气多美,你是出来散步的吧?"

我怯生生地点点头,答道:"我要回家了。"

"请耐心等上几分钟,"卡廷说,"瞧,我正在削一支柳笛,差不多就要做好了,完工后就送给你吧!"

卡廷边削边不时把尚未成形的柳笛放在嘴里试吹一下。没过多久,一支柳笛便递到我手中。我俩在一阵阵清脆悦耳的笛音//中,踏上了归途……

当时,我心中只充满感激,而今天,当我自己也成了祖父时,却突然领悟到他用心之良苦!那天当他听到我的哭声时,便判定我一定迷了路,但他并不想在孩子面前扮演"救星"的角色,于是吹响柳笛以便让我能发现他,并跟着他走出困境!就这样,卡廷先生以乡下人的纯朴,保护了一个小男孩儿强烈的自尊。

【容易读错的字词】

作品29号——节选自小学《语文(第六册)》中《莫高窟》

【朗读提示】

本文是一篇介绍世界文化遗产莫高窟的文章,作品中除了客观的介绍,还融入了赞美惊叹之情,在朗读时应略带惊奇的语气和赞叹欣赏的口吻。

【重点字词】

(1)浩瀚 hàohàn　(2)无垠 wúyín　(3)东麓 dōnglù　(4)崖壁 yábì

(5)塑像 sùxiàng　(6)菩萨 pú·sà　(7)捕鱼 bǔyú　(8)臂 bì

(9)琵琶 pí·pá　(10)银弦 yínxián　(11)飘拂 piāofú　(12)遨游 áoyóu

(13)翩翩 piānpiān　(14)经卷 jīngjuàn　(15)帛画 bóhuà

(16)掠走 lüèzǒu　(17)幅 fú

【朗读作品】

在浩瀚无垠的沙漠里,有一片美丽的绿洲,绿洲里藏着一颗闪光的珍珠。这颗珍珠就是敦煌莫高窟。它坐落在我国甘肃省敦煌市三危山和鸣沙山的怀抱中。鸣沙山东麓是平均高度为十七米的崖壁。在一千六百多米长的崖壁上,凿有大小洞窟七百余个,形成了规模宏伟的石窟群。其中四百九十二个洞窟中,共有彩色塑像两千一百余尊,各种壁画共四万五千多平方米。莫高窟是我国古代无数艺术匠师留给人类的珍贵文化遗产。

莫高窟的彩塑，每一尊都是一件精美的艺术品。最大的有九层楼那么高，最小的还不如一个手掌大。这些彩塑个性鲜明，神态各异。有慈眉善目的菩萨，有威风凛凛的天王，还有强壮勇猛的力士……

莫高窟壁画的内容丰富多彩，有的是描绘古代劳动人民打猎、捕鱼、耕田、收割的情景，有的是描绘人们奏乐、舞蹈、演杂技的场面，还有的是描绘大自然的美丽风光。其中最引人注目的是飞天。壁画上的飞天，有的臂挎花篮，采摘鲜花；有的反弹琵琶，轻拨银弦；有的倒悬身子，自天而降；有的彩带飘拂，漫天遨游；有的舒展着双臂，翩翩起舞。看着这些精美动人的壁画，就像走进了//灿烂辉煌的艺术殿堂。

莫高窟里还有一个面积不大的洞窟——藏经洞。洞里曾藏有我国古代的各种经卷、文书、帛画、刺绣、铜像等共六万多件。由于清朝政府腐败无能，大量珍贵的文物被外国强盗掠走。仅存的部分经卷，现在陈列于北京故宫等处。

莫高窟是举世闻名的艺术宝库。这里的每一尊彩塑、每一幅壁画、每一件文物，都是中国古代人民智慧的结晶。

【容易读错的字词】

作品30号——节选自张抗抗《牡丹的拒绝》

【朗读提示】

这篇文章让我们感受到，牡丹除了雍容华贵外，还有另一面：不随波逐流，以及对生命执着的追求。作品文笔细腻,感情真挚,富有哲理,耐人寻味。朗读时语气自然,声音坚实厚重,节奏明朗,语速始终如一,读出哲理来。

【重点字词】

(1)因为 yīn·wèi　(2)膜拜 móbài　(3)为之感动 wèizhīgǎndòng
(4)绚丽 xuànlì　(5)低吟 dīyín　(6)要么 yàome　(7)烁 shuò
(8)萎顿 wěidùn　(9)消遁 xiāodùn　(10)虽 suī　(11)吝惜 lìnxī
(12)即使 jíshǐ　(13)诅咒 zǔzhòu　(14)苟且 gǒuqiě
(15)为什么 wèishénme　(16)络绎不绝 luòyì-bùjué　(17)贬谪 biǎnzhé
(18)繁衍 fányǎn　(19)花儿 huā'ér　(20)东西 dōngxi　(21)卓 zhuó
(22)多么 duōme

【朗读作品】

其实你在很久以前并不喜欢牡丹,因为它总被人作为富贵膜拜。后来你目睹了一次牡丹的落花,你相信所有的人都会为之感动:一阵清风徐来,娇艳鲜嫩的盛期牡丹忽然整朵整朵地坠落,铺撒一地绚丽的花瓣。那花瓣落地时依然鲜艳夺目,如同一只奉上祭坛的大鸟脱落的羽毛,低吟着壮烈的悲歌离去。

牡丹没有花谢花败之时,要么烁于枝头,要么归于泥土,它跨越萎顿和衰老,由青春而死亡,由美丽而消遁。它虽美却不吝惜生命,即使告别也要展示给人最后一次的惊心动魄。

所以在这阴冷的四月里,奇迹不会发生。任凭游人扫兴和诅咒,牡丹依然安之若素。它不苟且、不俯就、不妥协、不媚俗,甘愿自己冷落自己。它遵循自己的花期自己的规律,它有权利为自己选择每年一度的盛大节日。它为什么不拒绝寒冷?

天南海北的看花人,依然络绎不绝地涌入洛阳城。人们不会因牡丹的拒绝而拒绝它的美。如果它再被贬谪十次,也许它就会繁衍出十个洛阳牡丹城。于是你在无言的遗憾中感悟到,富贵与高贵只是一字之差。同人一样,花儿也是有灵性的,更有品位之高低。品位这东西为气为魂为//筋骨为神韵,只可意会。你叹服牡丹卓尔不群之姿,方知品位是多么容易被世人忽略或是漠视的美。

【容易读错的字词】

作品31号——节选自《中考语文课外阅读试题精选》中《"能吞能吐"的森林》

【朗读提示】

此文为说明文,朗读时要使用质朴连贯的语气,不紧不慢的语速,声音清晰明白,不宜有任何夸张的情感。

【重点字词】

(1)吐 tǔ (2)提供 tígōng (3)卓著 zhuózhù (4)调节 táojié
(6)调度室 diàodùshì (8)水分 shuǐfèn (9)飓风 jùfēng (10)抑制 yìzhì

【朗读作品】

森林涵养水源,保持水土,防止水旱灾害的作用非常大。据专家测算,一片十万亩面积的森林,相当于一个两百万立方米的水库,这正如农谚所说的:"山上多栽树,等于修水库。雨多它能吞,雨少它能吐。"说起森林的功劳,那还多得很。它除了为人类提供木材及许多种生产、生活的原料之外,在维护生态环境方面也是功劳卓著。它用另一种"能吞能吐"的特殊功能孕育了人类。因为地球在形成之初,大气中的二氧化碳含量很高,氧气很少,气温也高,生物是难以生存的。大约在四亿年之前,陆地才产生了森林。森林慢慢将大气中的二氧化碳吸收，同时吐出新鲜氧气，调节气温；这才具备了人类生存的条件，地球上才最终有了人类。

森林，是地球生态系统的主体，是大自然的总调度室，是地球的绿色之肺。森林维护地球生态环境的这种"能吞能吐"的特殊功能是其他任何物体都不能取代的。然而，由于地球上的燃烧物增多，二氧化碳的排放量急剧增加，使得地球生态环境急剧恶化，主要表现为全球气候变暖，水分蒸发加快，改变了气流的循环，使气候变化加剧，从而引发热浪、飓风、暴雨、洪涝及干旱。

为了//使地球的这个"能吞能吐"的绿色之肺恢复健壮，以改善生态环境，抑制全球变暖，减少水旱等自然灾害，我们应该大力造林、护林，使每一座荒山都绿起来。

【容易读错的字词】

作品32号——节选自杏林子《朋友和其他》

【朗读提示】

这是一篇带有作者感情的杂文，既有叙事，又有议论，叙事部分要读得自然朴实，议论部分要读得富有哲理，语调舒缓，声音沉稳。

【重点字词】

(1)朋友 péngyou　(2)即将 jíjiāng　(3)虽然 suīrán　(4)熟 shú
(5)酿制 niàngzhì　(6)琐事 suǒshì　(7)时候 shíhou　(8)契合 qìhé
(9)惊骇 jīnghài　(10)颇 pō　(11)趣味 qùwèi　(12)年少 niánshào
(13)循循善诱 xúnxún-shànyòu　(14)约束 yuēshù　(15)挣脱 zhèngtuō
(16)束缚 shùfù　(17)喜欢 xǐhuan　(18)在乎 zàihu　(19)诋毁 dǐhuǐ
(20)舒坦 shūtan　(21)乌桕 wūjiù　(22)相属 xiāngzhǔ　(23)自在 zìzài
(24)温馨 wēnxīn

【朗读作品】

朋友即将远行。

暮春时节,又邀了几位朋友在家小聚。虽然都是极熟的朋友,却是终年难得一见,偶尔电话里相遇,也无非是几句寻常话。一锅小米稀饭,一碟大头菜,一盘自家酿制的泡菜,一只巷口买回的烤鸭,简简单单,不像请客,倒像家人团聚。

其实,友情也好,爱情也好,久而久之都会转化为亲情。

说也奇怪,和新朋友会谈文学、谈哲学、谈人生道理等等,和老朋友却只话家常,柴米油盐,细细碎碎,种种琐事。很多时候,心灵的契合已经不需要太多的言语来表达。

朋友新烫了个头,不敢回家见母亲,恐怕惊骇了老人家,却欢天喜地来见我们,老朋友颇能以一种趣味性的眼光欣赏这个改变。

年少的时候,我们差不多都在为别人而活,为苦口婆心的父母活,为循循善诱的师长活,为许多观念、许多传统的约束力而活。年岁逐增,渐渐挣脱外在的限制与束缚,开始懂得为自己活,照自己的方式做一些自己喜欢的事,不在乎别人的批评意见,不在乎别人的诋毁流言,只在乎那一份随心所欲的舒坦自然。偶尔,也能够纵容自己放浪一下,并且有一种恶作剧的窃喜。

就让生命顺其自然,水到渠成吧,犹如窗前的//乌桕自生自落之间,自有一份圆融丰满的喜悦。春雨轻轻落着,没有

shī, méi·yǒu jiǔ, yǒude zhǐshì yī fèn xiāng zhī xiāng zhǔ de zìzài zìdé.
诗，没有酒，有的只是一份相知相属的自在自得。
Yèsè zài xiàoyǔzhōng jiànjiànchénluò, péngyouqǐshēn gàocí, méi·yǒu wǎnliú, méi·yǒu sòngbié,
夜色在笑语中渐渐沉落，朋友起身告辞，没有挽留，没有送别，
shènzhì yě méi·yǒu wèn guīqī.
甚至也没有问归期。
Yǐ·jīng guòle dàxǐ-dàbēi de suìyuè, yǐ·jīng guòle shānggǎn liúlèi de niánhuá, zhī·dào le
已经过了大喜大悲的岁月，已经过了伤感流泪的年华，知道了
jù-sàn yuánlái shì zhèyàng de zìrán hé shùnlǐ-chéngzhāng, dǒng·dé zhèdiǎn, biàn dǒng·dé zhēnxī
聚散原来是这样的自然和顺理成章，懂得这点，便懂得珍惜
měi yī cì xiāngjù de wēnxīn, líbié biàn yě huānxǐ.
每一次相聚的温馨，离别便也欢喜。

【容易读错的字词】

作品33号——节选自莫怀戚《散步》

【朗读提示】

这篇文章质朴清新，朗读时不必在声音上大加渲染，只需要用娓娓道来的口吻，稳健地读出来。

【重点字词】

(1)走走 zǒuzou　(2)时候 shíhou　(3)小家伙 xiǎojiāhuo　(4)妈妈 māma
(5)意思 yìsi　(6)一霎时 yīshàshí　(7)委屈 wěiqu　(8)摸摸 mōmo
(9)孙儿 sūn'ér　(10)主意 zhǔyi　(11)水波 shuǐbō　(12)粼粼 línlín
(13)地方 dìfang

【朗读作品】

Wǒmen zài tiányě sànbù: Wǒ, wǒ de mǔ·qīn, wǒ de qī·zǐ hé érzi.
我们在田野散步：我，我的母亲，我的妻子和儿子。
Mǔ·qīn běn bùyuànchū·lái de. Tā lǎo le, shēntǐ bù hǎo, zǒu yuǎn yīdiǎnr jiù jué·dé
母亲本不愿出来的。她老了，身体不好，走远一点儿就觉得
hěn lèi. Wǒ shuō, zhèng yīn·wèi rúcǐ, cái yīnggāiduō zǒuzou. Mǔ·qīn xìnfú de diǎndiǎntóu,
很累。我说，正因为如此，才应该多走走。母亲信服地点点头，
biàn qù ná wàitào. Tā xiànzàihěn tīng wǒ de huà, jiù xiàng wǒ xiǎoshíhou hěn tīng tā de huà
便去拿外套。她现在很听我的话，就像我小时候很听她的话
yīyàng.
一样。
Zhè nánfāngchūchūn de tiányě, dàkuàixiǎokuài de xīnlǜ suíyì de pūzhe, yǒude nóng, yǒude
这南方初春的田野，大块小块的新绿随意地铺着，有的浓，有的
dàn, shù·shàng de nènyá yě mì le, tián·lǐ de dōngshuǐ yě gūgū de qǐzhe shuǐpào. Zhè
淡，树上的嫩芽也密了，田里的冬水也咕咕地起着水泡。这

一切都使人想着一样东西——生命。

我和母亲走在前面,我的妻子和儿子走在后面。小家伙突然叫起来:"前面是妈妈和儿子,后面也是妈妈和儿子。"我们都笑了。

后来发生了分歧:母亲要走大路,大路平顺;我的儿子要走小路,小路有意思。不过,一切都取决于我。我的母亲老了,她早已习惯听从她强壮的儿子;我的儿子还小,他还习惯听从他高大的父亲;妻子呢,在外面,她总是听我的。一霎时我感到了责任的重大。我想找一个两全的办法,找不出;我想拆散一家人,分成两路,各得其所,终不愿意。我决定委屈儿子,因为我伴同他的时日还长。我说:"走大路。"

但是母亲摸摸孙儿的小脑瓜,变了主意:"还是走小路吧。"她的眼随小路望去:那里有金色的菜花,两行整齐的桑树,//尽头一口水波粼粼的鱼塘。"我走不过去的地方,你就背着我。"母亲对我说。

这样,我们在阳光下,向着那菜花、桑树和鱼塘走去。到了一处,我蹲下来,背起了母亲;妻子也蹲下来,背起了儿子。我和妻子都是慢慢地,稳稳地,走得很仔细,好像我背上的同她背上的加起来,就是整个世界。

【容易读错的字词】

作品34号——节选自罗伯特·罗威尔《神秘的"无底洞"》

【朗读提示】

本文是说明文,朗读时要带有惊奇、疑惑而又饶有兴趣的口吻。

【重点字词】

(1)地壳 dìqiào　(2)地幔 dìmàn　(3)濒临 bīnlín　(4)涨潮 zhǎngcháo

(5)湍湍 tuāntuān　(6)枉费心机 wǎngfèi-xīnjī

(7)没完没了 méiwán-méiliǎo

【朗读作品】

地球上是否真的存在"无底洞"?按说地球是圆的,由地壳、地幔和地核三层组成,真正的"无底洞"是不应存在的,我们所看到的各种山洞、裂口、裂缝,甚至火山口也都只是地壳浅部的一种现象。然而中国一些古籍却多次提到海外有个深奥莫测的无底洞。事实上地球上确实有这样一个"无底洞"。

它位于希腊亚各斯古城的海滨。由于濒临大海,大涨潮时,汹涌的海水便会排山倒海般地涌入洞中,形成一股湍湍的急流。据测,每天流入洞内的海水量达三万多吨。奇怪的是,如此大量的海水灌入洞中,却从来没有把洞灌满。曾有人怀疑,这个"无底洞",会不会就像石灰岩地区的漏斗、竖井、落水洞一类的地形。然而从二十世纪三十年代以来,人们就做了多种努力企图寻找它的出口,却都是枉费心机。

为了揭开这个秘密,一九五八年美国地理学会派出一支考察队,他们把一种经久不变的带色染料溶解在海水中,观察染料是如何随着海水一起沉下去。接着又察看了附近海面以及岛上的各条河、湖,满怀希望地 寻找 这种 带 颜色的 水,结果令人 失望。

难道是 海水量 太 大 把 有色水稀释得 太 淡,以致无法发现? //

至今谁 也 不 知 道 为什么这里 的 海水会 没完没了地"漏"

下 去,这个"无底洞"的 出口又 在 哪里,每天 大量的海水究竟都 流到

哪里去了?

【容易读错的字词】

作品 35 号——节选自[奥]茨威格《世间最美的坟墓》,张厚仁译

【朗读提示】

这篇文章中作者把坟墓的朴素与坟墓主人的伟大进行强烈的对比,从而衬托出托尔斯泰伟大的人格魅力,朗读时要把作者的崇敬之情融入其中。

【重点字词】

(1)名字 míngzi　(2)所累 suǒlěi　(3)不为人知 bùwéirénzhī

(4)栅栏 zhàlan　(5)禁锢 jìngù　(6)风儿 fēngér　(7)飒飒 sàsà

(8)嬉戏 xīxì　(9)圭 guī　(10)这儿 zhèr　(11)心思 xīnsi

(12)奢华 shēhuá　(13)心弦 xīnxián　(14)重新 chóngxīn

【朗读作品】

我在 俄国 见到 的 景物再 没 有 比 托尔斯泰墓 更 宏伟、更感人的。

完全 按照 托尔斯泰的 愿望,他的 坟墓成了世间最美的,给人印象最深刻的坟墓。它只是 树林 中 的 一 个 小小的 长方形 土丘,上 面开满 鲜花——没 有 十字架,没 有 墓碑,没 有 墓志铭,连托尔斯泰这个名字也 没有。

这位比 谁都 感到受 自己 的 声名所累的伟人,却 像 偶尔被

发现的流浪汉,不为人知的士兵,不留名姓地被人埋葬了。谁都可以踏进他最后的安息地,围在四周稀疏的木栅栏是不关闭的——保护列夫·托尔斯泰得以安息的没有任何别的东西,惟有人们的敬意;而通常,人们却总是怀着好奇,去破坏伟人墓地的宁静。

这里,逼人的朴素禁锢住任何一种观赏的闲情,并且不容许你大声说话。风儿俯临,在这座无名者之墓的树木之间飒飒响着,和暖的阳光在坟头嬉戏;冬天,白雪温柔地覆盖这片幽暗的土地。无论你在夏天或冬天经过这儿,你都想像不到,这个小小的、隆起的长方体里安放着一位当代最伟大的人物。

然而,恰恰是这座不留姓名的坟墓,比所有挖空心思用大理石和奢华装饰建造的坟墓更扣人心弦。在今天这个特殊的日子里,//到他的安息地来的成百上千人中间,没有一个有勇气,哪怕仅仅从这幽暗的土丘上摘下一朵花留作纪念。人们重新感到,世界上再没有比托尔斯泰最后留下的、这座纪念碑式的朴素坟墓,更打动人心的了。

【容易读错的字词】

作品36号——节选自叶圣陶《苏州园林》

【朗读提示】

这是一篇写景说明文,表达了作者对苏州园林的眷恋和欣赏之情。朗读时语调自然、明快,通过自己的声音把听者带入如诗如画的景色中。

【重点字词】

(1)对称 duìchèn (2)怎么样 zěnmeyàng (3)似的 shìde

(4)为什么 wèishénme (5)比方 bǐfang (6)趣 qù (7)池沼 chízhǎo
(8)重峦叠嶂 chóngluán-diézhàng (9)在乎 zàihu (10)丘壑 qiūhè
(11)模样 múyàng (12)屈曲 qūqū (13)那儿 nàr (14)石头 shítou
(15)幅 fú

【朗读作品】

我国的建筑，从古代的宫殿到近代的一般住房，绝大部分是对称的，左边怎么样，右边怎么样。苏州园林可绝不讲究对称，好像故意避免似的。东边有了一个亭子或者一道回廊，西边决不会来一个同样的亭子或者一道同样的回廊。这是为什么？我想，用图画来比方，对称的建筑是图案画，不是美术画，而园林是美术画，美术画要求自然之趣，是不讲究对称的。

苏州园林里都有假山和池沼。

假山的堆叠，可以说是一项艺术而不仅是技术。或者是重峦叠嶂，或者是几座小山配合着竹子花木，全在乎设计者和匠师们生平多阅历，胸中有丘壑，才能使游览者攀登的时候忘却苏州城市，只觉得身在山间。

至于池沼，大多引用活水。有些园林池沼宽敞，就把池沼作为全园的中心，其他景物配合着布置。水面假如成河道模样，往往安排桥梁。假如安排两座以上的桥梁，那就一座一个样，决不雷同。

池沼或河道的边沿很少砌齐整的石岸，总是高低屈曲任其自然。还在那儿布置几块玲珑的石头，或者种些花草。这也是为了取得从各个角度看都成一幅画的效果。池沼里养着金鱼或各色鲤鱼,夏秋季节荷花或睡莲开//放,游览者看"鱼戏莲叶间",又是入画的一景。

【容易读错的字词】

作品 37 号——节选自《态度创造快乐》

【朗读提示】

本文主要写了作者从老太太的言语中领悟出的人生哲理——态度创造快乐。朗读时要娓娓道来,语调深沉、平稳。

【重点字词】

(1)老太太 lǎotàitai (2)穿着 chuānzhuó (3)兴奋 xīngfèn

(4)这么 zhème (5)为什么 wèishénme (6)钉上 dìng·shàng

(7)多么 duōme (8)仍 réng (9)澄明 chéngmíng (10)磨难 mónàn

(11)浸泡 jìnpào

【朗读作品】

一位访美中国女作家,在纽约遇到一位卖花的老太太。老太太穿着破旧,身体虚弱,但脸上的神情却是那样祥和兴奋。女作家挑了一朵花说:"看起来,你很高兴。"老太太面带微笑地说:"是的,一切都这么美好,我为什么不高兴呢?""对烦恼,你倒真能看得开。"女作家又说了一句。没料到,老太太的回答更令女作家大吃一惊:"耶稣在星期五被钉上十字架时,是全世界最糟糕的一天,可三天后就是复活节。所以,当我遇到不幸时,就会等待三天,这样一切就恢复正常了。"

"等待三天",多么富于哲理的话语,多么乐观的生活方式。它把烦恼和痛苦抛·下,全力去收获快乐。

Shěn Cóngwén zài "wén‑gé" qījiān, xiànrùle fēirén de jìngdì. Kě tā háobù zàiyì, tā
沈从文在"文革"期间，陷入了非人的境地。可他毫不在意，他
zài Xiánníng shí gěi tā de biǎozhí、huàjiā Huáng Yǒngyù xiě xìn shuō, "Zhè·lǐ de héhuā zhēn
在咸宁时给他的表侄、画家黄永玉写信说："这里的荷花真
hǎo, nǐ ruò lái……" Shēn xiàn kǔnàn què réng wèi héhuā de shèngkāi xīnxǐ zàntàn bùyǐ, zhè
好，你若来……"身陷苦难却仍为荷花的盛开欣喜赞叹不已，这
shì yī zhǒng qūyú chéngmíng de jìngjiè, yī zhǒng kuàngdá sǎ·tuō de xiōngjīn, yī zhǒng miànlín
是一种趋于澄明的境界，一种旷达洒脱的胸襟，一种面临
mónàn tǎndàng cóngróng de qìdù, yī zhǒng duì shēnghuó tóngzǐbān de rè'ài hé duì měihǎo shìwù
磨难坦荡从容的气度，一种对生活童子般的热爱和对美好事物
wúxiàn xiàngwǎng de shēngmìng qínggǎn.
无限向往的生命情感。

Yóucǐ kějiàn, yǐngxiǎng yī gè rén kuàilè de, yǒushí bìng bù shì kùnjìng jí mónàn, ér shì
由此可见，影响一个人快乐的，有时并不是困境及磨难，而是
yī gè rén de xīntài. Rúguǒ bǎ zìjǐ jìnpào zài jījí、lèguān、xiàngshàng de xīntài zhōng,
一个人的心态。如果把自己浸泡在积极、乐观、向上的心态中，
kuàilè bìrán huì//zhànjù nǐ de měi yī tiān.
快乐必然会//占据你的每一天。

【容易读错的字词】

作品38号——节选自杨朔《泰山极顶》

【朗读提示】

这是一篇写景文章，描写了泰山的自然景观和人文景观的美丽。朗读时语气朴实流畅，感情饱满真挚。

【重点字词】

(1)味儿 wèir　(2)有点 yǒudiǎn　(3)云彩丝儿 yúncaisīr　(4)想头 xiǎngtou
(5)幅 fú　(6)倒 dào　(7)画卷 huàjuàn　(8)露出 lùchū　(9)山根儿 shāngēnr
(10)岱宗坊 Dàizōngfāng　(11)斗母宫 Dǒumǔgōng　(12)丛 cóng
(13)塑 sù　(14)不禁 bùjīn　(15)露面 lòumiàn　(16)对峙 duìzhì
(17)那么 nàme　(18)似的 shìde　(19)这儿 zhèr　(20)不妨 bùfáng
(21)看看 kànkan　(22)听听 tīngting

【朗读作品】

Tài Shān jí dǐng kàn rìchū, lìlái bèi miáohuì chéng shífēn zhuàngguān de qíjǐng. Yǒu rén shuō:
泰山极顶看日出，历来被描绘成十分壮观的奇景。有人说：
Dēng Tài Shān ér kàn·bùdào rìchū, jiù xiàng yī chū dàxì méi·yǒu xìyǎn, wèir zhōngjiū yǒu
登泰山而看不到日出，就像一出大戏没有戏眼，味儿终究有

点寡淡。

我去爬山那天,正赶上个难得的好天,万里长空,云彩丝儿都不见。素常烟雾腾腾的山头,显得眉目分明。同伴们都欣喜地说:"明天早晨准可以看见日出了。"我也是抱着这种想头,爬上山去。

一路从山脚往上爬,细看山景,我觉得挂在眼前的不是五岳独尊的泰山,却像一幅规模惊人的青绿山水画,从下面倒展开来。在画卷中最先露出的是山根底那座明朝建筑岱宗坊,慢慢地便现出王母池、斗母宫、经石峪。山是一层比一层深,一叠比一叠奇,层层叠叠,不知还会有多深多奇。万山丛中,时而点染着极其工细的人物。王母池旁的吕祖殿里有不少尊明塑,塑着吕洞宾等一些人,姿态神情是那样有生气,你看了,不禁会脱口赞叹说:"活啦。"

画卷继续展开,绿阴森森的柏洞露面不太久,便来到对松山。两面奇峰对峙着,满山峰都是奇形怪状的老松,年纪怕都有上千岁了,颜色竟那么浓,浓得好像要流下来似的。来到这儿,你不妨权当一次画里的写意人物,坐在路旁的对松亭里,看看山色,听听流水和松涛。

一时间,我又觉得自己不仅是在看画卷,却又像是在零零乱乱翻着一卷历史稿本。

【容易读错的字词】

作品39号——节选自《教师博览·百期精华》中《陶行知的"四块糖果"》

【朗读提示】

本文记叙了陶行知利用四块糖果教育学生的故事,朗读时注意陶行知的言语,没有任何说教、亲切、友好、平等。

【重点字词】

(1)陶行知 Táo Xíngzhī　(2)学生 xuésheng　(3)当即 dāngjí
(4)喝止 hèzhǐ　(5)校长室 xiàozhǎngshì　(6)那么 nàme　(7)接过 jiēguo
(8)立即 lìjí　(9)眼睛 yǎnjing　(10)调查过 diàocháguo　(11)欺负 qīfu
(12)认识 rènshi　(13)结束 jiéshù

【朗读作品】

育才小学校长陶行知在校园看到学生王友用泥块砸自己班上的同学,陶行知当即喝止了他,并令他放学后到校长室去。无疑,陶行知是要好好教育这个"顽皮"的学生。那么他是如何教育的呢?

放学后,陶行知来到校长室,王友已经等在门口准备挨训了。可一见面,陶行知却掏出一块糖果送给王友,并说:"这是奖给你的,因为你按时来到这里,而我却迟到了。"王友惊疑地接过糖果。

随后,陶行知又掏出一块糖果放到他手里,说:"这第二块糖果也是奖给你的,因为当我不让你再打人时,你立即就住手了,这说明你很尊重我,我应该奖你。"王友更惊疑了,他眼睛睁得大大的。

陶行知又掏出第三块糖果塞到王友手里,说:"我调查过了,你用泥块砸那些男生,是因为他们不守游戏规则,欺负女生;你砸他们，说明你很正直善良，且有批评不良行为的勇气，应该奖励你啊！"王友感动极了，他流着眼泪后悔地喊道："陶……陶校长你打我两下吧！我砸的不是坏人，而是自己的同学啊……"

陶行知满意地笑了，他随即掏出第四块糖果递给王友，说："为你正确地认识错误，我再奖给你一块糖果，只可惜我只有这一块糖果了。我的糖果//没有了，我看我们的谈话也该结束了吧！"说完，就走出了校长室。

【容易读错的字词】

作品40号——节选自毕淑敏《提醒幸福》

【朗读提示】

本文用清新而又富有哲理的语言向我们娓娓道来幸福的含义。朗读时语调自然，语速稍缓，语气中带有几分感慨和醒悟。

【重点字词】

(1)即将 jíjiāng　(2)孪生 luánshēng　(3)倾听 qīngtīng　(4)耳朵 ěrduo
(5)见过 jiànguo　(6)披着 pīzhe　(7)拧 nǐng　(8)真谛 zhēndì
(9)似的 shìde　(10)闪烁 shǎnshuò　(11)相濡以沫 xiāngrúyǐmò
(12)温馨 wēnxīn　(13)愈发 yùfā　(14)熠熠 yìyì

【朗读作品】

享受幸福是需要学习的，当它即将来临的时刻需要提醒。人可以自然而然地学会感官的享乐，却无法天生地掌握幸福的韵律。灵魂的快意同器官的舒适像一对孪生兄弟，时而相傍相依，时而南辕北辙。

幸福是一种心灵的震颤。它像会倾听音乐的耳朵一样，需要不断地训练。

简而言之，幸福就是没有痛苦的时刻。它出现的频率并不像我们想像的那样少。人们常常只是在幸福的金马车已经驶过去很远时，才捡起地上的金鬃毛说，原来我见过它。

人们喜爱回味幸福的标本，却忽略它披着露水散发清香的时刻。那时候我们往往步履匆匆，瞻前顾后不知在忙着什么。

世上有预报台风的，有预报蝗灾的，有预报瘟疫的，有预报地震的。没有人预报幸福。

其实幸福和世界万物一样，有它的征兆。

幸福常常是朦胧的，很有节制地向我们喷洒甘霖。你不要总希望轰轰烈烈的幸福，它多半只是悄悄地扑面而来。你也不要企图把水龙头拧得更大，那样它会很快地流失。你需要静静地以平和之心，体验它的真谛。

幸福绝大多数是朴素的。它不会像信号弹似的，在很高的天际闪烁红色的光芒。它披着本色的外//衣，亲切温暖地包裹起我们。

幸福不喜欢喧嚣浮华，它常常在暗淡中降临。贫困中相濡以沫的一块糕饼，患难中心心相印的一个眼神，父亲一次粗糙的抚摸，女友一张温馨的字条……这都是千金难买的幸福啊。像一粒粒缀在旧绸子上的红宝石，在凄凉中愈发

yìyì duómù.
熠熠夺目。

【容易读错的字词】

作品 41 号——节选自刘燕敏《天才的造就》

【朗读提示】

本文记叙了贝利小时候对足球执着追求的故事,叙述极为自然、朴实。朗读时要把小贝利的执着劲和为了报答教练而挖坑的感人至深的情感读出来。

【重点字词】

(1)喜欢 xǐhuan　(2)塑料盒 sùliàohér　(3)椰子壳 yēzikér　(4)胡同 hútòngr
(5)空地 kòngdì　(6)干涸 gānhé　(7)男孩儿 nánháir　(8)那么 nàme
(9)卖劲 màijìnr　(10)妈妈 māma　(11)祈祷 qídǎo　(12)时候 shíhou
(13)什么 shénme　(14)脸蛋儿 liǎndànr　(15)名字 míngzi

【朗读作品】

在里约热内卢的一个贫民窟里,有一个男孩子,他非常喜欢足球,可是又买不起,于是就踢塑料盒,踢汽水瓶,踢从垃圾箱里拣来的椰子壳。他在胡同里踢,在能找到的任何一片空地上踢。

有一天,当他在一处干涸的水塘里猛踢一个猪膀胱时,被一位足球教练看见了。他发现这个男孩儿踢得很像是那么回事,就主动提出要送给他一个足球。小男孩儿得到足球后踢得更卖劲了。不久,他就能准确地把球踢进远处随意摆放的一个水桶里。

圣诞节到了,孩子的妈妈说:"我们没有钱买圣诞礼物送给我们的恩人,就让我们为他祈祷吧。"

小男孩儿跟随妈妈祈祷完毕,向妈妈要了一把铲子便跑了出去。他来到一座别墅前的花园里,开始挖坑。

就在他快要挖好坑的时候,从别墅里走出一个人来,问小孩儿在干什么,孩子抬起满是汗珠的脸蛋儿,说:"教练,圣诞节到了,我没有礼物送给您,我愿给您的圣诞树挖一个树坑。"

教练把小男孩儿从树坑里拉上来,说,我今天得到了世界上最好的礼物。明天你就到我的训练场去吧。

三年后,这位十七岁的男孩儿在第六届足球锦标赛上独进二十一球,为巴西第一次捧回了金杯。一个原//来不为世人所知的名字——贝利,随之传遍世界。

【容易读错的字词】

作品42号——节选自[法]罗曼·加里《我的母亲独一无二》

【朗读提示】

本文赞扬了伟大的母爱,朗读时语气是凝重的、沉缓的,语调略带悲伤,并充满了对母爱的由衷赞美之情。

【重点字词】

(1)丈夫 zhàngfu　(2)亲戚 qīnqi　(3)东西 dōngxi　(4)一小块 yīxiǎokuàir
(5)明白 míngbai　(6)真正 zhēnzhèng　(7)诊断 zhěnduàn　(8)隐瞒 yǐnmán
(9)疾痛 jítòng　(10)枕头 zhěntou　(11)抓挠 zhuānao　(12)憧憬 chōngjǐng
(13)支撑 zhīchēng　(14)一点 yīdiǎnr　(15)辗转 zhǎnzhuǎn
(16)朋友 péngyou　(17)招呼 zhāohu

【朗读作品】

记得我十三岁时,和母亲住在法国东南部的耐斯城。母亲没有丈夫,也没有亲戚,够清苦的,但她经常能拿出令人吃惊的东西,摆在我面前。她从来不吃肉,一再说自己是素食者。然而有一天,我发现母亲正仔细地用一小块碎面包擦那给我煎牛排用的油锅。我明白了她称自己为素食者的真正原因。

我十六岁时,母亲成了耐斯市美蒙旅馆的女经理。这时,她更忙碌了。一天,她瘫在椅子上,脸色苍白,嘴唇发灰。马上找来医生,做出诊断:她摄取了过多的胰岛素。直到这时我才知道母亲多年一直对我隐瞒的疾痛——糖尿病。

她的头歪向枕头一边,痛苦地用手抓挠胸口。床架上方,则挂着一枚我一九三二年赢得耐斯市少年乒乓球冠军的银质奖章。

啊,是对我的美好前途的憧憬支撑着她活下去,为了给她那荒唐的梦至少加一点真实的色彩,我只能继续努力,与时间竞争,直至一九三八年我被征入空军。巴黎很快失陷,我辗转调到英国皇家空军。刚到英国就接到了母亲的来信。这些信是由在瑞士的一个朋友秘密地转到伦敦,送到我手中的。

现在我要回家了,胸前佩带着醒目的绿黑两色的解放十字绶带,上面挂着五六枚我终身难忘的勋章,肩上还佩带着军官肩章。到达旅馆时,没有一个人跟我打招呼。原来,我母亲在三年半以前就已经离开人间了。

在她死前的几天中,她写了近二百五十封信,把这些信交给她在瑞士的朋友，请这个朋友定时寄给我。就这样，在母亲死后的三年半的时间里，我一直从她身上吸取着力量和勇气——这使我能够继续战斗到胜利那一天。

【容易读错的字词】

作品43号——节选自[波兰]玛丽·居里《我的信念》，剑捷译

【朗读提示】

本文是以第一人称的口吻写的，表现了玛丽·居里对生活、事业坚忍不拔的信心。朗读时语调自信、坚定。

【重点字词】

(1)事情 shìqing　(2)结束 jiéshù　(3)时候 shíhou　(4)休息 xiūxi

(5)结茧 jiéjiǎn　(6)兴趣 xìngqù　(7)执著 zhízhuó　(8)相似 xiāngsì

(9)因为 yīn·wèi　(10)镭 léi　(11)拖累 tuōlěi　(13)奢望 shēwàng

【朗读作品】

生活对于任何人都非易事，我们必须有坚韧不拔的精神。最要紧的，还是我们自己要有信心。我们必须相信，我们对每一件事情都具有天赋的才能，并且，无论付出任何代价，都要把这件事完成。当事情结束的时候，你要能问心无愧地说："我已经尽我所能了。"

有一年的春天，我因病被迫在家里休息数周。我注视着我的女儿们所养的蚕正在结茧，这使我很感兴趣。望着这些蚕执著地、勤奋地工作，我感到我和它们非常相似。像它们一样，我总是耐心地把自己的努力集中在一个目标上。我之所以如此，或许是因为有某种力量在鞭策着我——正如蚕被鞭策着去

结茧一般。

近五十年来,我致力于科学研究,而研究,就是对真理的探讨。我有许多美好快乐的记忆。少女时期我在巴黎大学,孤独地过着求学的岁月;在后来献身科学的整个时期,我丈夫和我专心致志,像在梦幻中一般,坐在简陋的书房里艰辛地研究,后来我们就在那里发现了镭。

我永远追求安静的工作和简单的家庭生活。为了实现这个理想,我竭力保持宁静的环境,以免受人事的干扰和盛名的拖累。

我深信,在科学方面我们有对事业而不//是对财富的兴趣。我的惟一奢望是在一个自由国家中,以一个自由学者的身份从事研究工作。

我一直沉醉于世界的优美之中,我所热爱的科学也不断增加它崭新的远景。我认定科学本身就具有伟大的美。

【容易读错的字词】

作品44号——节选自[美]彼得·基·贝得勒《我为什么当教师》

【朗读提示】

本文充满感情地阐述了"我"喜欢当教师的理由,语言质朴清新,毫无夸夸其谈之态,在朗读时宜娓娓道来,感情起伏不宜过于强烈。同时,语调自然之中饱含对教师职业的热爱之情,这样才能把作者的感悟和心情淋漓尽致地表现出来。

【重点字词】

(1)为什么 wèishénme　(2)因为 yīn·wèi　(3)喜欢 xǐhuan

(4)提供 tígōng　(5)素质 sùzhì　(6)学生 xuésheng　(7)恰似 qiàsì

(8)东西 dōngxi　(9)知识 zhīshi　(10)冥顽不灵 míngwánbùlíng
(11)炽爱 chì'ài

【朗读作品】

　　我为什么非要教书不可？是因为我喜欢当教师的时间安排表和生活节奏。七、八、九三个月给我提供了进行回顾、研究、写作的良机，并将三者有机融合，而善于回顾、研究和总结正是优秀教师素质中不可缺少的成分。

　　干这行给了我多种多样的"甘泉"去品尝，找优秀的书籍去研读，到"象牙塔"和实际世界里去发现。教学工作给我提供了继续学习的时间保证，以及多种途径、机遇和挑战。

　　然而，我爱这一行的真正原因，是爱我的学生。学生们在我的眼前成长、变化。当教师意味着亲历"创造"过程的发生——恰似亲手赋予一团泥土以生命，没有什么比目睹它开始呼吸更激动人心的了。

　　权利我也有了：我有权利去启发诱导，去激发智慧的火花，去问费心思考的问题，去赞扬回答的尝试，去推荐书籍，去指点迷津。还有什么别的权利能与之相比呢？

　　而且，教书还给我金钱和权利之外的东西，那就是爱心。不仅有对学生的爱，对书籍的爱，对知识的爱，还有教师才能感受到的对"特别"学生的爱。这些学生，有如冥顽不灵的泥块，由于接受了老师的炽爱才勃发了生机。

　　所以，我爱教书，还因为，在那些勃发生机的"特别"学//生身上，我有时发现自己和他们呼吸相通，忧乐与共。

【容易读错的字词】

作品 45 号——节选自《中考语文课外阅读试题精选》中《西部文化和西部开发》

【朗读提示】

本文以说明文的形式介绍了西部的文化和西部的开发。朗读时客观、沉稳、感情抑扬不明显。

【重点字词】

(1)广袤 guǎngmào (2)出土过 chūtǔguo (3)成为 chéngwéi (4)瞩目 zhǔmù
(5)集萃地 jícuìdì (6)几乎 jīhū (7)仍 réng (8)充分 chōngfèn

【朗读作品】

中国西部我们通常是指黄河与秦岭相连一线以西,包括西北和西南的十二个省、市、自治区。这块广袤的土地面积为五百四十六万平方公里,占国土总面积的百分之五十七;人口二点八亿,占全国总人口的百分之二十三。

西部是华夏文明的源头。华夏祖先的脚步是顺着水边走的:长江上游出土过元谋人牙齿化石,距今约一百七十万年;黄河中游出土过蓝田人头盖骨,距今约七十万年。这两处古人类都比距今约五十万年的北京猿人资格更老。

西部地区是华夏文明的重要发源地。秦皇汉武以后,东西方文化在这里交汇融合,从而有了丝绸之路的驼铃声声,佛院深寺的暮鼓晨钟。敦煌莫高窟是世界文化史上的一个奇迹,它在继承汉晋艺术传统的基础上,形成了自己兼收并蓄的恢宏气度,展现出精美绝伦的艺术形式和博大精深的文化内涵。秦始皇兵马俑、西夏王陵、楼兰古国、布达拉宫、三星堆、大足石刻等历史文化遗产，同样为世界所瞩目，成为中华文化重要的象征。西部地区又是少数民族及其文化的集萃地，几乎包括了我国所有的少数民族。在一些偏远的少数民族地区，仍保留//了一些久远时代的艺术品种，成为珍贵的"活化石"，如纳西古乐、戏曲、剪纸、刺绣、岩画等民间艺术和宗教艺术。特色鲜明、丰富多彩，犹如一个巨大的民族民间文化艺术宝库。

我们要充分重视和利用这些得天独厚的资源优势，建立良好的民族民间文化生态环境，为西部大开发做出贡献。

【容易读错的字词】

作品46号——节选自王蒙《喜悦》

【朗读提示】

本文写的是人生感悟，富有哲理和诗意。朗读时语调沉稳中要有感情的起伏，把作者的感悟通过自己的声音渲染出来。

【重点字词】

(1)摸得着 mōdezháo　(2)失之交臂 shīzhījiāobì　(3)几乎 jīhū

(4)绚丽 xuànlì　(5)即将 jíjiāng　(6)悲天悯人 bēitiān-mǐnrén

(7)成熟 chéngshú　(8)澄澈 chéngchè　(9)朝霞 zhāoxiá　(10)归巢 guīcháo

【朗读作品】

高兴，这是一种具体的被看得到摸得着的事物所唤起的情绪。它是心理的，更是生理的。它容易来也容易去，谁也不应该对它视而不见失之交臂，谁也不应该总是做那些使自己不高兴也使旁人不高兴的事。让我们说一件最容易做也最令人高兴的事吧,尊重你自己,也尊重别人,这是每一个人的权利,我还要说这是每一个人的义务。

快乐,它是一种富有概括性的生存状态、工作状态。它几乎是先验的,它来自生命本身的活力,来自宇宙、地球和人间的吸引,它是世界的丰富、绚丽、阔大、悠久的体现。快乐还是一种力量,是埋在地下的根脉。消灭一个人的快乐比挖掘掉一棵大树的根要难得多。

欢欣,这是一种青春的、诗意的情感。它来自面向着未来伸开双臂奔跑的冲力,它来自一种轻松而又神秘、朦胧而又隐秘的激动,它是激情即将到来的预兆,它又是大雨过后的比下雨还要美妙得多也久远得多的回味……

喜悦,它是一种带有形而上色彩的修养和境界。与其说它是一种情绪,不如说它是一种智慧、一种超拔、一种悲天悯人的宽容和理解,一种饱经沧桑的充实和自信,一种光明的理性,一种坚定//的成熟,一种战胜了烦恼和庸俗的清明澄澈。它是一潭清水,它是一抹朝霞,它是无边的平原,它是沉默的地平线。多一点儿、再多一点儿喜悦吧,它是翅膀,也是归巢。它是一杯美酒,也是一朵永远开不败的莲花。

【容易读错的字词】

作品 47 号——节选自舒乙《香港:最贵的一棵树》

【朗读提示】

本文描写了香港最贵的一棵树。文章一开头就给了读者一个悬念,朗读时,语调要有起伏,语势可稍作夸张,然后一步步地揭示答案,让读者明白其中的缘由,朗读这一部分,语调要平稳而不失惊奇。

【重点字词】

(1)湾仔 wānzǎi　(2)热闹 rènao　(3)地方 dìfang　(4)这儿 zhèr
(5)合同 hétong　(6)仿佛 fǎngfu　(7)似的 shìde　(8)那儿 nàr
(9)树冠 shùguān

【朗读作品】

在湾仔,香港最热闹的地方,有一棵榕树,它是最贵的一棵树,不光在香港,在全世界,都是最贵的。

树,活的树,又不卖何言其贵?只因它老,它粗,是香港百年沧桑的活见证,香港人不忍看着它被砍伐,或者被移走,便跟要占用这片山坡的建筑者谈条件:可以在这儿建大楼盖商厦,但一不准砍树,二不准挪树,必须把它原地精心养起来,成为香港闹市中的一景。太古大厦的建设者最后签了合同,占用这个大山坡建豪华商厦的先决条件是同意保护这棵老树。

树长在半山坡上,计划将树下面的成千上万吨山石全部掏空取走,腾出地方来盖楼,把树架在大楼上面,仿佛它原本是长在楼顶上似的。建设者就地造了一个直径十八米、深十米的大花盆,先固定好这棵老树,再在大花盆底下盖楼。光这一项就花了两千三百八十九万港币,堪称是最昂贵的保护措施了。

太古大厦落成之后，人们可以乘滚动扶梯一次到位，来到太古大厦的顶层，出后门，那儿是一片自然景色。一棵大树出现在人们面前，树干有一米半粗，树冠直径足有二十多米，独木成林，非常壮观，形成一座以它为中心的小公园，取名叫"榕圃"。树前面//插着铜牌，说明原由。此情此景，如不看铜牌的说明，绝对想不到巨树根底下还有一座宏伟的现代大楼。

【容易读错的字词】

作品48号——节选自巴金《小鸟的天堂》

【朗读提示】

本文写了作者两次观赏大榕树的情景，而且两次的印象有些不同，朗读时要区别对待。朗读前一部分时要用欣喜的语调、舒缓的节奏表现出对大榕树的赞美之情，朗读中间过渡时语调要略含失望、遗憾，朗读后一部分时语调要畅快欣喜——终于看到鸟啦!

【重点字词】

(1)丫枝 yāzhī　(2)那么 nàme　(3)簇 cù　(4)一点儿 yīdiǎnr
(5)缝隙 fèngxì　(6)似乎 sìhu　(7)泊 bó　(8)朋友 péngyou
(9)仿佛 fǎngfú　(10)眼睛 yǎnjing　(11)涨潮 zhǎngcháo　(12)划 huá
(13)地方 dìfang　(14)树梢 shùshāo　(15)热闹 rènao

【朗读作品】

我们的船渐渐地逼近榕树了。我有机会看清它的真面目：是一棵大树，有数不清的丫枝，枝上又生根，有许多根一直垂到地上，伸进泥土里。一部分树枝垂到水面，从远处看，就像一棵大树斜躺在水面上一样。现在正是枝繁叶茂的时节。这棵榕树好像在把它的全部生命力展示给我们看。那么多的绿叶，一簇堆在另一簇的上面，不留一点儿缝隙。翠绿的颜色明亮地在我们的眼前闪耀，似乎每一片树叶上都有一个新的生命在颤动，这美丽的南国的树！

船在树下泊了片刻，岸上很湿，我们没有上去。朋友说这里是"鸟的天堂"，有许多鸟在这棵树上做窝，农民不许人去捉它们。我仿佛听见几只鸟扑翅的声音，但是等到我的眼睛注意地看那里时，我却看不见一只鸟的影子。只有无数的树根立在地上，像许多根木桩。地是湿的，大概涨潮时河水常常冲上岸去。"鸟的天堂"里没有一只鸟，我这样想到。船开了，一个朋友拨着船，缓缓地流到河中间去。

第二天，我们划着船到一个朋友的家乡去，就是那个有山有塔的地方。从学校出发，我们又经过那"鸟的天堂"。这一次是在早晨，阳光照在水面上，也照在树梢上。一切都//显得非常光明。我们的船也在树下泊了片刻。

起初四周围非常清静。后来忽然起了一声鸟叫。我们把手一拍，便看见一只大鸟飞了起来，接着又看见第二只，第三只。

我们继续拍掌,很快地这个树林就变得很热闹了。到处都是鸟声,到处都是鸟影。大的,小的,花的,黑的,有的站在枝上叫,有的飞起来,在扑翅膀。

【容易读错的字词】

作品 49 号——节选自夏衍《野草》

【朗读提示】

本文饱含激情地描写了小草种子的力量,开头便留有悬念,朗读时语气自然轻松而不失好奇,接着文中又具体描写了小草种子力量之大,朗读时要洋溢着新奇和对种子顽强不息力量的赞美之情。

【重点字词】

(1)故事 gùshi　(2)什么 shénme　(3)东西 dōngxi　(4)似的 shìde

(5)结果 jiéguǒ　(6)解剖 jiěpōu　(7)剖析 pōuxī　(8)一点儿 yīdiǎnr

(9)那么 nàme　(10)看见过 kàn·jiànguo　(11)瓦砾 wǎlì

(12)曲曲折折 qūqū-zhézhé　(13)的确 díquè　(14)因为 yīn·wèi

【朗读作品】

有这样一个故事。

有人问:世界上什么东西的气力最大?回答纷纭得很,有的说"象",有的说"狮",有人开玩笑似的说:是"金刚",金刚有多少气力,当然大家全不知道。

结果,这一切答案完全不对,世界上气力最大的,是植物的种子。一粒种子所可以显现出来的力,简直是超越一切。

人的头盖骨,结合得非常致密与坚固,生理学家和解剖学者用尽了一切的方法,要把它完整地分出来,都没有这种力气。后来忽然有人发明了一个方法，就是把一些植物的种子放在要剖析的头盖骨里，给它以温度与湿度，使它发芽。一发芽，这些种子便以可怕的力量，将一切机械力所不能分开的骨骼，完整地分开了。植物种子的力量之大，如此如此。

这，也许特殊了一点儿，常人不容易理解。那么，你看见过笋的成长吗？你看见过被压在瓦砾和石块下面的一棵小草的生长吗？它为着向往阳光，为着达成它的生之意志，不管上面的石块如何重，石与石之间如何狭，它必定要曲曲折折地，但是顽强不屈地透到地面上来。它的根往土壤钻，它的芽往地面挺，这是一种不可抗拒的力，阻止它的石块，结果也被它掀翻，一粒种子的力量之大，如//此如此。

没有一个人将小草叫做"大力士"，但是它的力量之大，的确是世界无比。这种力是一般人看不见的生命力。只要生命存在，这种力就要显现。上面的石块，丝毫不足以阻挡。因为它是一种"长期抗战"的力；有弹性，能屈能伸的力；有韧性，不达目的不止的力。

【容易读错的字词】

作品50号——节选自纪广洋《一分钟》

【朗读提示】

本文用一件小事道出了人生哲理：其实，只要把握好生命的每一分钟也就把握了理想的人生。朗读时根据文章内容调整好班杰明和青年人对话的语调变化,其他叙述部分沉着平稳。

【重点字词】
(1)颇 pō (2)狼藉 lángjí (3)招呼 zhāohu (4)收拾 shōushi
(5)漾着 yàngzhe (6)微波 wēibō (7)满腹 mǎnfù (8)客气 kèqi
(9)尴尬 gāngà (10)明白 míngbai (11)事情 shìqing

【朗读作品】

著名教育家班杰明曾经接到一个青年人的求救电话,并与那个向往成功、渴望指点的青年人约好了见面的时间和地点。

待那个青年如约而至时,班杰明的房门敞开着,眼前的景象却令青年人颇感意外——班杰明的房间里乱七八糟、狼藉一片。

没等青年人开口,班杰明就招呼道:"你看我这房间,太不整洁了,请你在门外等候一分钟,我收拾一下,你再进来吧。"一边说着,班杰明就轻轻地关上了房门。

不到一分钟的时间,班杰明就又打开了房门并热情地把青年人让进客厅。这时,青年人的眼前展现出另一番景象——房间内的一切已变得井然有序,而且有两杯刚刚倒好的红酒,在淡淡的香水气息里还漾着微波。

可是,没等青年人把满腹的有关人生和事业的疑难问题向班杰明讲出来,班杰明就非常客气地说道:"干杯。你可以走了。"

青年人手持酒杯一下子愣住了,既尴尬又非常遗憾地说:

"可是,我……我还没向您请教呢……"

"这些……难道还不够吗?"班杰明一边微笑着,一边扫视着自己的房间,轻言细语地说,"你进来又有一分钟了。"

"一分钟……一分钟……"青年人若有所思地说:"我懂了,您让我明白了一分钟的时间可以做许//多事情,可以改变许多事情的深刻道理。"

班杰明舒心地笑了。青年人把杯里的红酒一饮而尽,向班杰明连连道谢后,开心地走了。

其实,只要把握好生命的每一分钟,也就把握了理想的人生。

【容易读错的字词】

作品51号——节选自张玉庭《一个美丽的故事》

【朗读提示】

本文讲述了一个感人而又美丽的故事,朗读时,声音柔和甜润,把整篇文章浓浓的爱意表现出来。最后一句为画龙点睛之笔,读时语气舒缓,语调稳健,耐人寻味,感人至深。

【重点字词】

(1)小男孩儿 xiǎonánháir　(2)因为 yīn·wèi　(3)得过 déguo
(4)比方 bǐfang　(5)即便 jíbiàn　(6)妈妈 māma　(7)一点儿 yīdiǎnr
(8)喜欢 xǐhuan

【朗读作品】

有个塌鼻子的小男孩儿,因为两岁时得过脑炎,智力受损,学习起来很吃力。打个比方,别人写作文能写二三百字,他却只能写三五行。但即便这样的作文,他同样能写得很动人。

那是一次作文课,题目是《愿望》。他极其认真地想了半天,然后极认真地写,那作文极短。只有三句话:我有两个愿望,第一个是,妈妈天天笑眯眯地看着我说:"你真聪明。"第二个是,老师天天笑眯眯地看着我说:"你一点儿也不笨。"

于是,就是这篇作文,深深地打动了他的老师,那位妈妈式的老师不仅给了他最高分,在班上带感情地朗读了这篇作文,还一笔一画地批道:你很聪明,你的作文写得非常感人,请放心,妈妈肯定会格外喜欢你的,老师肯定会格外喜欢你的,大家肯定会格外喜欢你的。

捧着作文本,他笑了,蹦蹦跳跳地回家了,像只喜鹊。但他并没有把作文本拿给妈妈看,他是在等待,等待着一个美好的时刻。

那个时刻终于到了,是妈妈的生日——一个阳光灿烂的星期天:那天,他起得特别早,把作文本装在一个亲手做的美丽的大信封里,等着妈妈醒来。妈妈刚刚睁眼醒来,他就笑眯眯地走到妈妈跟前说:"妈妈,今天是您的生日,我要//送给您一件礼物。"

果然,看着这篇作文,妈妈甜甜地涌出了两行热泪,一把搂住小男孩儿,搂得很紧很紧。

是的,智力可以受损,但爱永远不会。

【容易读错的字词】

作品52号——节选自苦伶《永远的记忆》

【朗读提示】

这是一篇充满浓浓怀念之情的回忆录,语言清新自然,没有大起大落的感情起伏,所以朗读时语气要舒缓,声音要柔婉,仿佛回到那令人回味无穷、难以忘怀的情景之中。

【重点字词】

(1)时候 shíhou (2)妈妈 māma (3)一点儿 yīdiǎnr (4)名字 míngzi (5)男孩儿 nánháir (6)弟弟 dìdi (7)清澈 qīngchè (8)手帕 shǒupà (9)浸湿 jìnshī (10)肮脏 āngzāng (11)弄 nòng (12)头发 tóufa (13)女孩儿 nǚháir (14)素净 sùjing (15)认识 rènshi (16)见过 jiànguo (17)陌生 mòshēng (18)清楚 qīngchu (19)漂泊 piāobó (20)这么 zhème (21)仍然 réngrán

【朗读作品】

小学的时候,有一次我们去海边远足,妈妈没有做便饭,给了我十块钱买午餐。好像走了很久、很久,终于到海边了,大家坐下来便吃饭,荒凉的海边没有商店,我一个人跑到防风林外面去,级任老师要大家把吃剩的饭菜分给我一点儿。有两三个男生留下一点儿给我,还有一个女生,她的米饭拌了酱油,很香。我吃完的时候,她笑眯眯地看着我,短头发,脸圆圆的。

她的名字叫翁香玉。

每天放学的时候,她走的是经过我们家的一条小路,带着一位比她小的男孩儿,可能是弟弟。小路边是一条清澈见底的小溪,两旁竹阴覆盖,我总是远远地跟在她后面,夏日的午后特别炎热，走到半路她会停下来，拿手帕在溪水里浸湿，为小男孩儿擦脸。我也在后面停下来，把肮脏的手帕弄湿了擦脸，再一路远远跟着她回家。

后来我们家搬到镇上去了，过几年我也上了中学。有一天放学回家，在火车上，看见斜对面一位短头发、圆圆脸的女孩儿，一身素净的白衣黑裙。我想她一定不认识我了。火车很快到站了，我随着人群挤向门口，她也走近了，叫我的名字。这是她第一次和我说话。

她笑眯眯的，和我一起走过月台。以后就没有再见过//她了。

这篇文章收在我出版的《少年心事》这本书里。书出版后半年，有一天我忽然收到出版社转来的一封信，信封上是陌生的字迹，但清楚地写着我的本名。信里面说她看到了这篇文章心里非常激动，没想到在离开家乡，漂泊异地这么久之后，会看见自己仍然在一个人的记忆里，她自己也深深记得这其中的每一幕，只是没想到越过遥远的时空，竟然另一个人也深深记得。

【容易读错的字词】

作品53号——节选自小学《语文（第六册）》中《语言的魅力》

【朗读提示】

本文通过一件小事，让我们感受到语言的魅力，朗读时可以分成两部分：一是叙事部分，用沉着稳健的语调把故事娓娓动听地讲述出来；二是最后一个自然段的抒情部分，要用感叹的语调读出来。

【重点字词】

(1)褴褛 lánlǚ　(2)头发 tóufa　(3)乞丐 qǐgài　(4)什么 shénme

(5)姗姗 shānshān　(6)看看 kànkan　(7)晚上 wǎnshang

(8)先生 xiānsheng　(9)这么 zhème　(10)怎么 zěnme

【朗读作品】

在繁华的巴黎大街的路旁，站着一个衣衫褴褛、头发斑白、双目失明的老人。他不像其他乞丐那样伸手向过路行人乞讨，而是在身旁立一块木牌，上面写着："我什么也看不见！"街上过往的行人很多，看了木牌上的字都无动于衷，有的还淡淡一笑，便姗姗而去了。

这天中午，法国著名诗人让·彼浩勒也经过这里。他看看木牌上的字，问盲老人："老人家，今天上午有人给你钱吗？"

盲老人叹息着回答："我，我什么也没有得到。"说着，脸上的神情非常悲伤。

让·彼浩勒听了，拿起笔悄悄地在那行字的前面添上了"春天到了，可是"几个字，就匆匆地离开了。

晚上，让·彼浩勒又经过这里，问那个盲老人下午的情况。盲老人笑着回答说："先生，不知为什么，下午给我钱的人多极了！"让·彼浩勒听了，摸着胡子满意地笑了。

"春天到了，可是我什么也看不见！"这富有诗意的语言，产生这么大的作用，就在于它有非常浓厚的感情色彩。

是的,春天是美好的,那蓝天白云,那绿树红花,那莺歌燕舞,那流水人家,怎么不叫人陶醉呢?但这良辰美景,对于一个双目失明的人来说,只是一片漆黑。当人们想到这个盲老人,一生中竟连万紫千红的春天//都不曾看到,怎能不对他产生同情之心呢?

【容易读错的字词】

作品54号——节选自蒲昭和《赠你四味长寿药》

【朗读提示】

本文是一篇关于养生之道的小杂文,朗读时使用平稳、深沉的基调,不紧不慢地娓娓道出养生长寿药的内涵和实质。

【重点字词】

(1)朋友 péngyou　(2)张鹗 Zhāng È　(3)幅 fú　(4)一点儿 yīdiǎnr
(5)一会儿 yīhuìr　(6)当 dàng　(7)寝 qǐn　(8)要诀 yàojué
(9)气血 qìxuè　(10)佳肴 jiāyáo　(11)虽然 suīrán　(12)勉强 miǎnqiǎng
(13)即使 jíshǐ　(14)仍然 réngrán

【朗读作品】

有一次,苏东坡的朋友张鹗拿着一张宣纸来求他写一幅字,而且希望他写一点儿关于养生方面的内容。苏东坡思索了一会儿,点点头说:"我得到了一个养生长寿古方,药只有四味,今天就赠给你吧。"于是,东坡的狼毫在纸上挥洒起来,上面写着:"一曰无事以当贵,二曰早寝以当富,三曰安步以当车,四曰晚食以当肉。"

这哪里有药?张鹗一脸茫然地问。苏东坡笑着解释说,养生长寿的要诀,全在这四句里面。

所谓"无事以当贵",是指人不要把功名利禄、荣辱过失考虑得太多,如能在情志上潇洒大度,随遇而安,无事以求,这比富贵更能使人终其天年。

　　"早寝以当富",指吃好穿好、财货充足,并非就能使你长寿。对老年人来说,养成良好的起居习惯,尤其是早睡早起,比获得任何财富更加宝贵。

　　"安步以当车",指人不要过于讲求安逸、肢体不劳,而应多以步行来替代骑马乘车,多运动才可以强健体魄,通畅气血。

　　"晚食以当肉",意思是人应该用已饥方食、未饱先止代替对美味佳肴的贪吃无厌。他进一步解释,饿了以后才进食,虽然是粗茶淡饭,但其香甜可口会胜过山珍;如果饱了还要勉强吃,即使美味佳肴摆在眼前也难以//下咽。

　　苏东坡的四味"长寿药",实际上是强调了情志、睡眠、运动、饮食四个方面对养生长寿的重要性,这种养生观点即使在今天仍然值得借鉴。

【容易读错的字词】

作品 55 号——节选自[美]本杰明·拉什《站在历史的枝头微笑》

【朗读提示】

本文是关于人生哲理的小品文,朗读时语气坚实、从容,语调平稳、诚恳。

【重点字词】

(1)寻觅 xúnmì　(2)丛林 cónglín　(3)点儿 diǎnr　(4)较 jiào

(5)部分 bùfen　(6)因为 yīn·wèi

【朗读作品】

人活着,最要紧的是寻觅到那片代表着生命绿色和人类希望的丛林,然后选一高高的枝头站在那里观览人生,消化痛苦,孕育歌声,愉悦世界!

这可真是一种潇洒的人生态度,这可真是一种心境爽朗的情感风貌。

站在历史的枝头微笑,可以减免许多烦恼。在那里,你可以从众生相所包含的甜酸苦辣、百味人生中寻找你自己;你境遇中的那点儿苦痛,也许相比之下,再也难以占据一席之地;你会较容易地获得从不悦中解脱灵魂的力量,使之不致变得灰色。

人站得高些,不但能有幸早些领略到希望的曙光,还能有幸发现生命的立体的诗篇。每一个人的人生,都是这诗篇中的一个词、一个句子或者一个标点。你可能没有成为一个美丽的词,一个引人注目的句子,一个惊叹号,但你依然是这生命的立体诗篇中的一个音节、一个停顿、一个必不可少的组成部分。这足以使你放弃前嫌,萌生为人类孕育新的歌声的兴致,为世界带来更多的诗意。

最可怕的人生见解,是把多维的生存图景看成平面。因为那平面上刻下的大多是凝固了的历史——过去的遗迹;但活着的人们,活得却是充满着新生智慧的,由//不断逝去的"现在"组成的未来。人生不能像某些鱼类躺着游,人生也不能像某些兽类爬着走,而应该站着向前行,这才是人类应有的生存姿态。

【容易读错的字词】

作品56号——节选自《中国的宝岛——台湾》

【朗读提示】

本文介绍了中国的宝岛——台湾的概貌,具有客观性,但又融入了作者对宝岛台湾的赞美热爱之情,在朗读时要使用稳健的语调,同时又饱含着热爱的感情。

【重点字词】

(1)地处 dìchǔ　(2)时候 shíhou　(3)较 jiào　(4)地方 dìfang　(5)梭子 suōzi
(6)脊梁 jǐliang　(7)为 wéi　(8)似的 shìde　(9)湖泊 húpō
(10)调剂 tiáojì　(11)提供 tígōng　(12)甘蔗 gānzhe

【朗读作品】

中国的第一大岛、台湾省的主岛台湾,位于中国大陆架的东南方,地处东海和南海之间,隔着台湾海峡和大陆相望。天气晴朗的时候,站在福建沿海较高的地方,就可以隐隐约约地望见岛上的高山和云朵。

台湾岛形状狭长,从东到西,最宽处只有一百四十多公里;由南至北,最长的地方约有三百九十多公里。地形像一个纺织用的梭子。

台湾岛上的山脉纵贯南北,中间的中央山脉犹如全岛的脊梁。西部为海拔近四千米的玉山山脉,是中国东部的最高峰。全岛约有三分之一的地方是平地,其余为山地。岛内有缎带般的瀑布,蓝宝石似的湖泊,四季常青的森林和果园,自然景色十分优美。西南部的阿里山和日月潭,台北市郊的大屯山风景区,都是闻名世界的游览胜地。

台湾岛地处热带和温带之间,四面环海,雨水充足,气温受到海洋的调剂,冬暖夏凉,四季如春,这给水稻和果木生长提供了优越的条件。水稻、甘蔗、樟脑是台湾的"三宝"。岛上还盛产鲜果和鱼虾。

台湾岛还是一个闻名世界的"蝴蝶王国"。岛上的蝴蝶共有四百多个品种,其中有不少是世界稀有的珍贵品种。岛上还有不少鸟语花香的蝴//蝶谷,岛上居民利用蝴蝶制作的标本和艺术品,远销许多国家。

【容易读错的字词】

作品 57 号——节选自小思《中国的牛》

【朗读提示】

本文赞美了牛的品格:永远沉沉实实的,默默地工作,平心静气。朗读时让声音散发出浓郁的生活气息,并充满了对牛的赞美、尊敬之情,但不能太夸张,要把握好分寸,做好恰到好处。

【重点字词】

(1)朋友 péngyou　(2)阡陌 qiānmò　(3)畜牲 chùsheng　(4)弄 nòng
(5)踟躇 chíchú　(6)时候 shíhou　(7)地方 dìfang　(8)看看 kànkan
(9)下种 xiàzhǒng　(10)收成 shōucheng　(11)重担 zhòngdàn
(12)摇摇 yáoyao　(13)尾巴 wěiba　(14)摆摆 bǎibai　(15)耳朵 ěrduo
(16)飞附 fēifù　(17)苍蝇 cāngying

【朗读作品】

对于中国的牛,我有着一种特别尊敬的感情。

留给我印象最深的,要算在田垄上的一次"相遇"。

一群朋友郊游,我领头在狭窄的阡陌上走,怎料迎面来了几头耕牛,狭道容不下人和牛,终有一方要让路。它们还没有走近,我们已经预计斗不过畜牲,恐怕难免踩到田地泥水里,弄得鞋袜又泥又湿了。正踟躇的时候,带头的一头牛,在离我们不远的地方停下来,抬起头看看,稍迟疑一下,就自动走下田去。一队耕牛,全跟着它离开阡陌,从我们身边经过。

我们都呆了,回过头来,看着深褐色的牛队,在路的尽头消失。忽然觉得自己受了很大的恩惠。

中国的牛,永远沉默地为人做着沉重的工作。在大地上,在晨光或烈日下,它拖着沉重的犁,低头一步又一步,拖出了身后一列又一列松土,好让人们下种。等到满地金黄或农闲时候,它可能还得担当搬运负重的工作;或终日绕着石磨,朝同一方向,走不计程的路。

在它沉默的劳动中,人便得到应得的收成。

那时候,也许,它可以松一肩重担,站在树下,吃几口嫩草。偶尔摇摇尾巴,摆摆耳朵,赶走飞附身上的苍蝇,已经算是它最闲适的生活了。

中国的牛,没有成群奔跑的习//惯,永远沉沉实实的,默默地工作,平心静气。这就是中国的牛!

【容易读错的字词】

作品58号——节选自老舍《住的梦》

【朗读提示】

这是一篇充满诗情画意的随笔散文,朗读时要展开想象的翅膀,用甜美的声音,起伏节奏,富有韵律而又稍有夸张的语调,表现出作者的梦想来。

【重点字词】

(1)成为 chéngwéi (2)好玩儿 hǎowánr (3)点儿 diǎnr (4)教 jiào
(5)地方 dìfang (6)虽然 suīrán (7)看见过 kàn·jianguo
(8)仿佛 fǎngfú (9)似的 shìde (10)涤 dí (11)什么 shénme
(12)枣儿 zǎor (13)主意 zhǔyi (14)便宜 piányi (15)那么 nàme
(16)暂 zàn (17)这么 zhème (18)时候 shíhou

【朗读作品】

不管我的梦想能否成为事实,说出来总是好玩儿的:春天,我将要住在杭州。二十年前,旧历的二月初,在西湖我看见了嫩柳与菜花,碧浪与翠竹。由我看到的那点儿春光,已经可以断定,杭州的春天必定会教人整天生活在诗与图画之中。所以,春天我的家应当是在杭州。

夏天,我想青城山应当算作最理想的地方。在那里,我虽然只住过十天,可是它的幽静已拴住了我的心灵。在我所看见过的山水中,只有这里没有使我失望。到处都是绿,目之所及,那片淡而光润的绿色都在轻轻地颤动,仿佛要流入空中与心中似的。这个绿色会像音乐,涤清了心中的万虑。

秋天一定要住北平。天堂是什么样子,我不知道,但是从我的生活经验去判断,北平之秋便是天堂。论天气,不冷不热。论吃的,苹果、梨、柿子、枣儿、葡萄,每样都有若干种。论花草,菊花种类之多,花式之奇,可以甲天下。西山有红叶可见,北海可以划船——虽然荷花已残,荷叶可还有一片清香。衣食住行,在北平的秋天,是没有一项不使人满意的。

冬天,我还没有打好主意,成都或者相当的合适,虽然并不怎样和暖,可是为了水仙、素心腊梅,各色的茶花,仿佛就受一点儿寒//冷,也颇值得去了。昆明的花也多,而且天气比成都好,可是旧书铺与精美而便宜的小吃远不及成都那么多。好吧,就暂这么规定:冬天不住成都便住昆明吧。

在抗战中,我没能发国难财。我想,抗战胜利以后,我必能阔起来。那时候,假若飞机减价,一二百元就能买一架的话,我就自备一架,择黄道吉日慢慢地飞行。

【容易读错的字词】

作品59号——节选自宗璞《紫藤萝瀑布》

【朗读提示】

这是一篇写景散文,朗读时注意区分眼前情景与回忆情景。眼前情景美丽无比,朗读时要用轻快、愉悦而又赞美的语调;在朗读回忆情景时语调要低沉些,略有遗憾之情。

【重点字词】

(1)见过 jiànguo (2)仿佛 fǎngfú (3)条幅 tiáofú (4)迸溅 bèngjiàn
(5)部分 bùfen (6)似乎 sìhū (7)有过 yǒuguo (8)依傍 yībàng
(9)伶仃 língdīng (10)什么 shénme (11)关系 guānxi (12)这么 zhème
(13)盘虬 pánqiú (14)酒酿 jiǔniàng

【朗读作品】

我不由得停住了脚步。

从未见过开得这样盛的藤萝,只见一片辉煌的淡紫色,像一条瀑布,从空中垂下,不见其发端,也不见其终极,只是深深浅浅的紫,仿佛在流动,在欢笑,在不停地生长。紫色的大条幅上,泛着点点银光,就像迸溅的水花。仔细看时,才知那是每一朵紫花中的最浅淡的部分,在和阳光互相挑逗。

这里除了光彩,还有淡淡的芳香。香气似乎也是浅紫色的,梦幻一般轻轻地笼罩着我。忽然记起十多年前,家门外也曾有过一大株紫藤萝,它依傍一株枯槐爬得很高,但花朵从来都稀落,东一穗西一串伶仃地挂在树梢,好像在察言观色,试探什么。后来索性连那稀零的花串也没有了。园中别的紫藤花架也都拆掉,改种了果树。那时的说法是,花和生活腐化有什么必然关系。我曾遗憾地想:这里再看不见藤萝花了。

过了这么多年,藤萝又开花了,而且开得这样盛,这样密,紫色的瀑布遮住了粗壮的盘虬卧龙般的枝干,不断地流着,流着,流向人的心底。

花和人都会遇到各种各样的不幸,但是生命的长河是无止境的。我抚摸了一下那小小的紫色的花舱,那里满装了生命的酒酿,它张满了帆,在这//闪光的花的河流上航行。它是万花中的一朵,也正是由每一个一朵,组成了万花灿烂的流动的瀑布。

在这浅紫色的光辉和浅紫色的芳香中,我不觉加快了脚步。

【容易读错的字词】

作品60号——节选自林光如《最糟糕的发明》

【朗读提示】

这是一篇保护生态环境的文章,文中既有对事件的讲述,又有对客观事实的说明。朗读时要加以区别:朗读事件讲述时语调充满好奇,并略有起伏;而朗读客观事实说明时,要沉稳坚实。

【重点字词】

(1)什么 shénme　(2)塑料 sùliào　(3)降解 jiàngjiě　(4)草丛 cǎocóng
(5)牲畜 shēngchù　(6)庄稼 zhuāngjia　(7)板结 bǎnjié　(8)焚烧 fénshāo
(9)处理 chǔlǐ　(10)称为 chēngwéi　(11)二噁英 èr'èyīng
(12)氟利昂 fúlì'áng

【朗读作品】

在一次名人访问中,被问及上个世纪最重要的发明是什么时,有人说是电脑,有人说是汽车,等等。但新加坡的一位知名人士却说是冷气机。他解释,如果没有冷气,热带地区如东南亚国家,就不可能有很高的生产力,就不可能达到今天的生活水准。他的回答实事求是,有理有据。

看了上述报道,我突发奇想:为什么没有记者问:"二十世纪最糟糕的发明是什么?"其实二〇〇二年十月中旬,英国的一家报纸就评出了"人类最糟糕的发明"。获此"殊荣"的,就是人们每天大量使用的塑料袋。

诞生于上个世纪三十年代的塑料袋,其家族包括用塑料制成的快餐饭盒、包装纸、餐用杯盘、饮料瓶、酸奶杯、雪糕杯等等。这些废弃物形成的垃圾,数量多、体积大、重量轻、不降解,给治理工作带来很多技术难题和社会问题。

比如,散落在田间、路边及草丛中的塑料餐盒,一旦被牲畜吞食,就会危及健康甚至导致死亡。填埋废弃塑料袋、塑料餐盒的土地,不能生长庄稼和树木,造成土地板结,而焚烧处理这些塑料垃圾,则会释放出多种化学有毒气体,其中一种称为二噁英的化合物,毒性极大。

此外,在生产塑料袋、塑料餐盒的//过程中使用的氟利昂,对人体免疫系统和生态环境造成的破坏也极为严重。

【容易读错的字词】

项目四
命题说话训练

【测试提示】

普通话水平测试中的命题说话部分,以单项说话为主,主要考查应试人在没有文字凭借的情况下,说普通话的能力和所能达到的规范程度。和朗读相比,说话可以更有效地考查应试人在自然状态下运用普通话语音、词汇、语法的能力。因为字词与朗读测试项有文字凭借,应试人并不主动参与词语和句式的选择,因而,说话项测试最能全面体现应试人普通话的真实水平。

同时,普通话水平测试既不是普通话知识的考试,也不是文化水平的考核,更不是口才的评估。测试大纲以语音面貌、词汇语法的规范程度和自然流畅程度来作为说话的一部分标准,对与文章结构有关的立意、选材及布局谋篇并未提出具体的要求,所以说话项测试并不等于口头作文。

另外,说话项测试不仅是对应试人语言水平的考查,也是对应试人心理素质的考验,因为在没有文字凭借的情况下,把思维的内部语言转化为自然、准确、流畅的外部语言,需要应试人有良好的心理素质。

综上所述,说话时请避免选择让自己情绪波动过大的话题,以免中途哽咽而使说话断断续续,或因要调节情绪而出现长时间停顿。一旦选定了说话题目,中途不得更换话题,且要说满 3 分钟。同时请遵循以下要求:

1. 话语自然

说话就是口语表达,但口语表达并不等于口语本身。我们口头说话,要使用语言材料,但是说话的效果并不是这些语言材料的总和。口头说的话应该是十分生动的,它和说话的环境、说话人的感情、说话的目的和动机都有很大的关系。

要做到自然,就要按照日常口语的语音、语调来说话,不要带着朗读或背诵的腔调。这并不是很高的要求,但实际做起来却是相当的困难。需要强调指出的是,进行说话准备,不要把说话材料写成书面材料,因为写出来的东西往往会进行修改,殊不知,就是在修改中改掉了口语表达的特点。

语速适当,是话语自然的重要表现。正常语速大约 240 个音节/分钟均应视为正常。如果根据内容、情景、语气的要求偶尔 10 来个音节稍快、稍慢也应视为正常。语速和语言流畅程度是成正比的,一般说来,语速越快,语言越流畅。但语速过快就容易导致发鼻音时口腔打不开、复元音的韵母动程不够和归音不准。语速过慢,容易导致语流凝滞,话语不够连贯。有人为了不在声、韵、调上出错,说话的时候一个字、一个字地往外挤,听起来非常生硬。因而,过快和过慢的语速都应该努力避免。

2. 用词得体

口语词和书面语词的界限不易分清。一般说来,口语词指日常说话用得多的词,书面语词指书面上用得多的词。口语词和书面语词相比,有其独自的特点。必须克服方言的影响,摈弃方言词汇,说话中特别要注意克服方言语气。但由于普通话词汇标准是开放的,它不断地从方言中吸收富有表现力的词汇来丰富、完善自己的词汇系统,普通话水平测试允许应试人使用较为常用的新词语和方言词语。

3. 用语流畅

现代汉语的口语和书面语基本是一致的,使用的句式大体也是相同的,但是,从句式使用的经常性来看,口语和书面语仍然存在着差别。其特点是:①口语句式比较松散,短句多;②较少使用或干脆不用关联词语;③经常使用非主谓句;④较多地使用追加和插说的方法,句与句之间关联不紧密;⑤停顿和语气词多。

模块1　命题说话技巧

一、认真准备，克服紧张心理

只要是参加考试，任何人都会有一种紧张心理。要想取得较好的普通话测试成绩，除了参加普通话培训外，考生在考前还应该有针对性地做一些准备工作，打有准备的仗。

比如平时要坚持说普通话，或者从参加普通话培训学习开始就试说普通话，丰富普通话标准词汇，这样容易训练普通话语音、词汇和思维能力，并养成普通话的语法习惯。把公开的30个题目中的每一个题目都练习几遍，做到胸有成竹，才会临场不乱，甚至可能进入最佳状态，有超常的发挥。

二、命题说话的结构布局

结构布局是命题说话构思的基本框架。因为考试用到的30个话题是公开的，考生在备考时，可以按30个题目所确定的话题中心，编写说话提纲，确定每个话题的结构层次。应考时，考生进入考场后还有约10分钟的准备时间，则可以回忆一下选定的题目的结构框架，迅速完成全篇的构思。

命题说话的结构布局，也有一些可供依循的参考模式。

1. 三段式结构

三段式结构适用于议论类话题类型。

导入部分即说话的开头，可使用引人注意、让人感觉有趣的材料，迅速切入话题中心。

展开部分即按照时间顺序、因果顺序提出问题—解决问题的顺序等展开话题，做好使论点或话题中心明确的结构安排。

结束部分即强调话题中心，进行回应、归纳要点或提出希望等。

2. 顺序式结构

顺序式结构适用于议论、叙述等多种话题类型。

顺序式结构布局简单、灵活、实用，其主要特点是，在话题中心（找出关键词）确定后，即大体可按照"第一点、第二点、第三点"或"首先、其次、最后"的顺序组织材料，直接、迅速地切入话题中心。

3. 问答式结构

问答式结构适用于说明、议论类话题类型。

可依次回答三个问题:是什么—为什么—怎么样。例如《我的愿望》,可依次回答我的愿望是什么,为什么会有这个愿望,如何实现这个愿望即可。

三、命题说话的表述

1. 生活化

说自己的生活,说你想说的话。普通话水平测试的30个公开题目全都与我们的生活密切相关,每一个话题都会有话可说。网上下载的话题资料比较书面化,切记不要从网上下载话题资料后去背,这样看起来省事,但话题涉及的材料你不熟悉,且根本不适应你的年龄、身份、经历,勉强记忆后临场容易忘词、卡壳。

2. 故事化

命题说话题目中有一些议论性话题,例如,卫生与健康、普通话的体会、科技发展与社会生活、社会公德、职业道德、个人修养、环境保护、购物消费的感受等。表述时,如果要发表观点,就具体说出理由来,估计3分钟的时间对那些不擅长说理的应试人来说是难捱的。表述中,尽量避免罗列总结性的抽象词语,可以用日常事例代替、展开,即多讲与之相关的日常生活故事。

3. 细节化

细节充满了力量,会让你的表述具体、生动、形象。在你的话题材料里适当加入细节是个不错的选择。例如,你的愿望、学习生活、尊敬的人、最好的朋友、童年的记忆、喜爱的动(植)物、难忘的旅行、喜欢的季节、服饰等,都可以是你故事中场景的再现。尤其是有关人物的相貌、体格、语言、行为、动作、表情等的还原,会减轻说话时的压力,也会为你的说话增色。

模块2　话题训练方法

一、对号入座

(1)如果你是一位初学普通话,且普通话基础较差或不善于口语表达的考生,进行脱稿命题说话会有一定的困难,那么请进行"照讲稿复述"训练。

具体做法:首先,用口语方式,找准话题中心,把要说的话写出来;其次,熟读几遍原稿;再次,熟记讲稿中的材料;最后,反复复述讲稿,以至能脱稿讲述,且话语中速,咬字清楚,语意连贯。

(2)如果你是一位普通话基础较好且善于口语表达的考生,请进行"依照提纲说话"训练。

具体做法：首先，对一个话题要有整体把握，包括整个说话的顺序、材料等；其次，列出这个话题的提纲（根据个人的具体情况可简可详），说话的提纲应该包括话题中心或论点、结构形式、开头、过渡、发展、结尾、主要材料及备用材料等，提纲可采用提要的形式或图表的形式，简明扼要地反映出说话的所有准备；再次，根据提纲分段试讲，逐段完成整个话题的讲述；最后，反复练习，熟悉提纲与相关材料与顺序，以至能脱稿讲述，且话语中速，咬字清楚，语意连贯。

(3) 如果你志在必得，请进行"开考前半即兴说话"训练。

具体做法：正式进入机房考试之前，会有大约 13 分钟的纸质试题准备时间。此时，你已知晓说话题目，需要你在试卷给出的两个说话题中任选其一，快速构思（结构、布局、选材）成篇，并完成 3 分钟的说话准备。事实上，这属于半即兴命题说话。

二、借助手机计时秒表功能组织话题材料

通过几遍训练基本成篇后，可借助手机的计时秒表功能组织话题材料。建议训练时，设置说话时间为 3.5 分钟，之所以比考试限定的 3 分钟多出 30 秒，是要防止考试时因紧张语速过快而导致说话一下子"水落石出"。如果录音的时间达不到 3.5 分钟，就说明事先准备的材料不足，那得加材料充实说话内容，直至录满 3.5 分钟。

三、借助手机录音功能纠正语音、词汇和语法

录满 3.5 分钟后，大致可以确定说话的内容与顺序。再反复听自己的录音，练练自己的听力。听听自己说话的 3.5 分钟的时间内，语音是否标准，是否使用了方言词汇，表达是否顺畅等。如果有问题要及时纠正，然后再次录音，再次纠正，从而达到自己最好的状态。

四、普通话水平测试 30 个命题说话题目

(1) 我的愿望（或理想）。
(2) 我的学习生活。
(3) 我尊敬的人。
(4) 我喜爱的动物（或植物）。
(5) 童年的记忆。
(6) 我喜爱的职业。
(7) 难忘的旅行。
(8) 我的朋友。

(9)我喜爱的文学(或其他)艺术形式。
(10)谈谈卫生与健康。
(11)我的业余生活。
(12)我喜欢的季节(或天气)。
(13)学习普通话的体会。
(14)谈谈服饰。
(15)我的假日生活。
(16)我的成长之路。
(17)谈谈科技发展与社会生活。
(18)我知道的风俗。
(19)我和体育。
(20)我的家乡(或熟悉的地方)。
(21)谈谈美食。
(22)我喜欢的节日。
(23)我所在集体(学校、机关、公司等)。
(24)谈谈社会公德。
(25)谈谈个人修养。
(26)我喜欢的明星(或其他知名人士)。
(27)我喜爱的书刊。
(28)谈谈对环境保护的认识。
(29)我向往的地方。
(30)购物(消费)的感受。

模块3 命题说话综合训练

普通话水平测试用的30个话题,大体可以分作三类。当然,此分类不是绝对的,尤其是叙述描写类与介绍说明类的话题,并无严格的界限和区别。例如,《我的学习生活》可以以介绍说明的方式进行表述,也可以转化为叙述描写类的话题。

一、叙述描写类

记人:我尊敬的人、我的朋友、我喜欢的明星(或其他知名人士)。
记事:我的愿望(或理想)、我的学习生活、童年的记忆、难忘的旅行、我的业余生活、我的假日生活、我的成长之路、我和体育。

叙述类的话题，要求中心突出，内容具体，线索清楚，注意表达的顺序，交代清楚人物、时间、地点和事情的发生、发展过程和结局。叙述描写类的话题，要用形象生动的语言把描述对象的特征再现出来。

例如，童年的记忆。此话题属叙述描写类话题，可用顺序式结构布局。第一部分：童年的记忆整体感受是什么，至少提炼出三个关键词，比如，快乐、美好、忧伤、甜蜜……直接进入话题。第二部分：可按照"第一点、第二点、第三点"或"首先、其次、最后"的顺序分别组织让你觉得快乐、美好、忧伤、甜蜜等的事件材料，逐一道来。讲述过程中，将每一个事件故事化、具体化、细节化。

例如，难忘的旅行。此话题属叙述类话题，也可用顺序式结构布局。第一部分：记忆中难忘哪一次旅行？第二部分：可按时间顺序，讲述此次旅行的经历，包括时间、地点、人员、行程中的各种故事、插曲、见闻、感受等。

二、介绍说明类

我喜爱的动物（或植物）、我喜爱的职业、我喜爱的文学（或其他）艺术形式、我喜欢的季节（或天气）、我知道的风俗、我的家乡（或熟悉的地方）、我喜欢的节日、我所在的集体（学校、机关、公司等）、我喜爱的书刊、我向往的地方等话题都属于这一类。

介绍说明类的话题，要通过科学细致的观察，运用分类说明、举例说明、引用说明等说明方法，比较全面地介绍说明对象的整体面貌。

例如，我喜爱的职业。此话题属介绍说明类话题，可用问答式结构布局。先回答"我喜爱的职业有哪些"这一问题（可允许随着年龄的增长喜爱的职业不一样），继而回答"为什么喜爱这一职业"（讲述一到两个与此答案有关的人或事的故事），最后回答"为从事这一喜爱的职业，你有哪些准备（努力）"。

例如，我向往的地方。依次回答两个问题：第一部分回答你向往的地方是哪里（可允许有很多不同的地方），第二部分回答为什么向往这些地方（或这些地方有什么特点，哪些地方吸引你让你向往）。

三、议论评说类

谈谈卫生与健康、学习普通话的体会、谈谈服饰、谈谈科技发展与社会生活、谈谈美食、谈谈社会公德、谈谈个人修养、谈谈对环境保护的认识、购物（消费）的感受等话题都属于这一类。

从理论上讲，议论评说类的话题，一般要求观点明确，论证有序，材料具体，结构比较完整。但从实际情况看，普通话水平测试属于口语测试，重点测试的是应试人的语音部分，至于应试人的口头表达能力有多强不是测试的重点，所以碰到上述议论评说类的话题时,可以选择另一个不是议论评说性的话题(二选一)。万一要选这类的话题,可把话题中的抽象词语具像化。

例如,谈谈服饰,可以有三种选择:第一种,如果你熟悉服饰历史、现状,以及未来的发展趋势,你可以一一道来;第二种,如果你没有这些知识储备,你可以从你了解到的有关知识展开,如服饰包括服装和配饰,服装的款式、面料、颜色、风格,配饰的种类,各类服装如何搭配,各类服装又用何种配饰等;第三种,你可以着重围绕自己的着装体会展开,什么样的着装才是美的,着装得适合自己的肤色、体型、性格、身高等,不用去评述,围绕这些讲具体的着装心得即可。

例如,谈科技发展与社会生活,可以把科技发展与社会生活这两个抽象的词语具体化,在我们日常生活和工作中,可以从冰箱、微波炉、洗衣机、空调、电视、电脑、手机、汽车、互联网、支付宝、机器人等科技产品的更新换代中感受到科技的发展与变化,随之变化的是我们生活与工作的舒适与便捷。可以从个人或家庭层面(或学习与工作层面)列举,当然能用对比的方式展开,说出使用某产品之前或之后的感受也是可行的。

总之,要根据自己的生活来决定说话的内容,要讲述自己的故事。

附录 模拟试题及答案

模拟试题 1

一、读单音节字词（100个音节），限时3.5分钟，共10分

错误扣分		缺陷扣分		第一题扣分	

崩	饷	攻	劳	凑	匹	捐	坎	蹲	女
恨	蹲	窍	飞	骗	封	攥	竹	苍	嚎
纱	您	吻	渠	狗	奎	署	踹	垒	阎
蒋	额	淡	房	拢	爵	猛	而	军	德
滥	亡	软	下	俗	瞥	凛	氏	窘	丢
捅	寻	贝	台	自	侵	入	凭	朵	条
诈	淮	棕	滑	状	插	有	龄	账	垮
摸	囊	招	酶	曳	恩	选	赛	鳖	阅
吹	忍	吃	涮	丝	破	轨	戏	谎	财
搞	掐	曼	歪	仍	砌	我	用	裹	押

二、读多音节词语（100个音节），限时2.5分钟，共20分

错误扣分		缺陷扣分		第二题扣分	

奶粉	在这儿	雄伟	婴儿	群众	电压	吵架
连续	枕头	新娘	航空	富翁	节日	上层
核算	大学生	名词	况且	抓阄儿	虐待	麻烦
追求	佛教	包子	原则	热量	农村	履行
骨髓	概括	拐弯儿	配套	玻璃	探索	创作
后跟儿	全体	春光	运动	神经质	昂首	衰变
诋毁	黑暗	挖苦	发票	贫穷	一目了然	

174

三、朗读,限时 3 分钟,共 30 分

我在俄国见到的景物再没有比托尔斯泰墓更宏伟、更感人的。

完全按照托尔斯泰的愿望,他的坟墓成了世间最美的,给人印象最深刻的坟墓。它只是树林中的一个小小的长方形土丘,上面开满鲜花——没有十字架,没有墓碑,没有墓志铭,连托尔斯泰这个名字也没有。

这位比谁都感到受自己的声名所累的伟人,却像偶尔被发现的流浪汉,不为人知的士兵,不留名姓地被人埋葬了。谁都可以踏进他最后的安息地,围在四周稀疏的木栅栏是不关闭的——保护列夫·托尔斯泰得以安息的没有任何别的东西,惟有人们的敬意;而通常,人们却总是怀着好奇,去破坏伟人墓地的宁静。

这里,逼人的朴素禁锢住任何一种观赏的闲情,并且不容许你大声说话。风儿俯临,在这座无名者之墓的树木之间飒飒响着,和暖的阳光在坟头嬉戏;冬天,白雪温柔地覆盖这片幽暗的土地。无论你在夏天或冬天经过这儿,你都想像不到,这个小小的、隆起的长方体里安放着一位当代最伟大的人物。

然而,恰恰是这座不留姓名的坟墓,比所有挖空心思用大理石和奢华装饰建造的坟墓更扣人心弦。在今天这个特殊的日子里,//到他的安息地来的成百上千人中间,没有一个有勇气,哪怕仅仅从这幽暗的土丘上摘下一朵花留作纪念。人们重新感到,世界上再没有比托尔斯泰最后留下的、这座纪念碑式的朴素坟墓,更打动人心的了。

(节选自[奥]茨威格《世间最美的坟墓》,张厚仁译)

评分项	错漏	声韵缺陷	语调偏误	停连不当	不流畅	扣分小计
扣分及语音问题						

四、说话,任选一题,时间不得少于 3 分钟,共 40 分

(1)我喜欢的节日。
(2)谈谈社会公德。

评分项	语音标准程度	词汇语法	自然流畅	欠时	扣分小计
扣分及语音问题	错___个				

175

模拟试题 2

一、读单音节字词(100个音节)，限时3.5分钟，共10分

错误扣分		缺陷扣分		第一题扣分	

岳　抓　桃　水　淹　憾　辽　纳　昂　品
饭　美　侧　北　揭　拐　费　暖　外　盆
夏　秧　袍　鳃　磁　统　掠　蹲　廊　峰
急　蜕　漆　垂　份　卤　痘　欢　垦　掐
窘　拔　陇　椎　爽　蹬　贼　赣　舔　局
怎　挖　衡　死　娘　兽　友　凸　凝　杀
衔　光　去　孙　蹈　波　渴　鸥　庙　丢
日　膜　蔡　选　让　逼　袖　仓　尺　跌
绸　汝　雄　迈　领　贬　农　赠　原　均
我　平　准　群　抄　责　寨　秦　嘱　二

二、读多音节词语(100个音节)，限时2.5分钟，共20分

错误扣分		缺陷扣分		第二题扣分	

全身　断层　允许　障碍　小瓮儿　坏人　愉快
打算　来临　灭亡　仍然　虐待　方法论　挫折
压迫　至今　减轻　罪恶　脸盆儿　教训　签订
告诉　黑夜　唱歌　疲倦　电话　口吻　宾馆
物价　宫女　荒谬　思想　穷苦　挑剔　从容
侦查　作用　玩耍　窗子　给以　南半球　重量
蜜枣儿　摧毁　佛学　特别　命令　周而复始

三、朗读,限时 3 分钟,共 30 分

　　生活对于任何人都非易事,我们必须有坚韧不拔的精神。最要紧的,还是我们自己要有信心。我们必须相信,我们对每一件事情都具有天赋的才能,并且,无论付出任何代价,都要把这件事完成。当事情结束的时候,你要能问心无愧地说:"我已经尽我所能了。"

　　有一年的春天,我因病被迫在家里休息数周。我注视着我的女儿们所养的蚕正在结茧,这使我很感兴趣。望着这些蚕执著地、勤奋地工作,我感到我和它们非常相似。像它们一样,我总是耐心地把自己的努力集中在一个目标上。我之所以如此,或许是因为有某种力量在鞭策着我——正如蚕被鞭策着去结茧一般。

　　近五十年来,我致力于科学研究,而研究,就是对真理的探讨。我有许多美好快乐的记忆。少女时期我在巴黎大学,孤独地过着求学的岁月;在后来献身科学的整个时期,我丈夫和我专心致志,像在梦幻中一般,坐在简陋的书房里艰辛地研究,后来我们就在那里发现了镭。

　　我永远追求安静的工作和简单的家庭生活。为了实现这个理想,我竭力保持宁静的环境,以免受人事的干扰和盛名的拖累。

　　我深信,在科学方面我们有对事业而不//是对财富的兴趣。我的惟一奢望是在一个自由国家中,以一个自由学者的身份从事研究工作。

　　我一直沉醉于世界的优美之中,我所热爱的科学也不断增加它崭新的远景。我认定科学本身就具有伟大的美。

(节选自[波兰]玛丽·居里《我的信念》,剑捷译)

评分项	错漏	声韵缺陷	语调偏误	停连不当	不流畅	扣分小计
扣分及语音问题						

四、说话,任选一题,时间不得少于 3 分钟,共 40 分

(1)我向往的地方。
(2)学习普通话的体会。

评分项	语音标准程度	词汇语法	自然流畅	欠时	扣分小计
扣分及语音问题	错____个				

模拟试题 3

一、读单音节字词(100 个音节),限时 3.5 分钟,共 10 分

错误扣分		缺陷扣分		第一题扣分	

云　糠　雄　扯　癫　板　劳　扔　桦　眸
果　份　钞　跺　女　捶　奶　跪　锁　文
尹　搜　法　群　沟　拿　呕　抓　昂　碰
曰　贼　掠　秆　稻　添　景　飘　探　东
起　歌　秒　退　眨　鬓　昏　容　歪　团
叙　蒸　仪　跌　费　源　汝　秋　俗　剧
子　家　治　磁　夏　腔　爽　舰　孔　箱
兔　靠　嗓　纵　皖　跤　笨　丢　骗　膜
汪　署　穷　粗　甩　烈　驳　闰　凝　逼
而　蹭　牌　跳　选　航　纱　犁　毁　持

二、读多音节词语(100 个音节),限时 2.5 分钟,共 20 分

错误扣分		缺陷扣分		第二题扣分	

儿童　　出圈儿　狂笑　接洽　　时候　　遵守　　镇压
刷新　　没词儿　军队　两边　　幼年　　撒谎　　情怀
主人翁　滥用　　迈进　农村　　窘迫　　阳光　　标语
河流　　丰盛　　学者　被窝儿　图案　　亏损　　舌头
参观　　佛典　　会计　耕作　　训练　　夸张　　蜜枣儿
高尚　　共产党　疲倦　热闹　　品种　　虐待　　好转
饲料　　撒开　　大娘　屈服　　日程　　方兴未艾

三、朗读,限时 3 分钟,共 30 分

　　中国西部我们通常是指黄河与秦岭相连一线以西,包括西北和西南的十二个省、市、自治区。这块广袤的土地面积为五百四十六万平方公里,占国土总面积的百分之五十七;人口二点八亿,占全国总人口的百分之二十三。

　　西部是华夏文明的源头。华夏祖先的脚步是顺着水边走的:长江上游出土过元谋人牙齿化石,距今约一百七十万年;黄河中游出土过蓝田人头盖骨,距今约七十万年。这两处古人类都比距今约五十万年的北京猿人资格更老。

　　西部地区是华夏文明的重要发源地。秦皇汉武以后,东西方文化在这里交汇融合,从而有了丝绸之路的驼铃声声,佛院深寺的暮鼓晨钟。敦煌莫高窟是世界文化史上的一个奇迹,它在继承汉晋艺术传统的基础上,形成了自己兼收并蓄的恢宏气度,展现出精美绝伦的艺术形式和博大精深的文化内涵。秦始皇兵马俑、西夏王陵、楼兰古国、布达拉宫、三星堆、大足石刻等历史文化遗产,同样为世界所瞩目,成为中华文化重要的象征。

　　西部地区又是少数民族及其文化的集萃地,几乎包括了我国所有的少数民族。在一些偏远的少数民族地区,仍保留//了一些久远时代的艺术品种,成为珍贵的"活化石",如纳西古乐、戏曲、剪纸、刺绣、岩画等民间艺术和宗教艺术。特色鲜明、丰富多彩,犹如一个巨大的民族民间文化艺术宝库。

　　我们要充分重视和利用这些得天独厚的资源优势,建立良好的民族民间文化生态环境,为西部大开发做出贡献。

(节选自《中考语文课外阅读试题精选》中《西部文化和西部开发》)

评分项	错漏	声韵缺陷	语调偏误	停连不当	不流畅	扣分小计
扣分及语音问题						

四、说话,任选一题,时间不得少于 3 分钟,共 40 分

(1)谈谈卫生与健康。

(2)我的成长之路。

评分项	语音标准程度	词汇语法	自然流畅	欠时	扣分小计
扣分及语音问题	错____个				

模拟试题 1 答案

一、读单音节字词(100 个音节),限时 3.5 分钟,共 10 分

错误扣分		缺陷扣分		第一题扣分	

bēng 崩	xiǎng 饷	gōng 攻	láo 劳	còu 凑	pǐ 匹	juān 捐	kǎn 坎	dūn 蹲	nǚ 女
hèn 恨	cuān 蹿	qiào 窍	fēi 飞	piàn 骗	fēng 封	zuàn 攥	zhú 竹	cāng 苍	háo 嚎
shā 纱	nín 您	wěn 吻	qú 渠	gǒu 狗	kuí 奎	shǔ 署	chuài 踹	lěi 垒	yán 阎
Jiǎng 蒋	é 额	dàn 淡	fáng 房	lǒng 拢	jué 爵	měng 猛	ér 而	jūn 军	dé 德
làn 滥	wáng 亡	ruǎn 软	xià 下	sú 俗	piē 瞥	bǐng 禀	shì 氏	jiǒng 窘	diū 丢
tǒng 捅	xún 寻	bèi 贝	tái 台	zì 自	qīn 侵	rù 入	píng 凭	duǒ 朵	tiáo 条
zhà 诈	huái 淮	zōng 棕	huá 滑	zhuàng 状	chā 插	yǒu 有	líng 龄	zhàng 账	kuǎ 垮
mō 摸	náng 囊	zhāo 招	méi 酶	yè 曳	ēn 恩	xuǎn 选	sài 赛	biē 鳖	yuè 阅
chuī 吹	rěn 忍	chī 吃	shuàn 涮	sī 丝	pò 破	guǐ 轨	xì 戏	huǎng 谎	cái 财
gǎo 搞	qiā 掐	màn 曼	wāi 歪	réng 仍	qì 砌	wǒ 我	yòng 用	guǒ 裹	chēn 抻

二、读多音节词语(100 个音节),限时 2.5 分钟,共 20 分

错误扣分		缺陷扣分		第二题扣分	

nǎifěn 奶粉	zàizhèr 在这儿	xióngwěi 雄伟	yīng'ér 婴儿	qúnzhòng 群众	diànyā 电压	chǎojià 吵架
liánxù 连续	zhěntou 枕头	xīnniáng 新娘	hángkōng 航空	fùwēng 富翁	jiérì 节日	shàngcéng 上层
hésuàn 核算	dàxuéshēng 大学生	míngcí 名词	kuàngqiě 况且	zhuājiūr 抓阄儿	nüèdài 虐待	máfan 麻烦
zhuīqiú 追求	Fójiào 佛教	bāozi 包子	yuánzé 原则	rèliàng 热量	nóngcūn 农村	lǚxíng 履行

gǔsuǐ	gàikuò	guǎiwānr	pèitào	bōli	tànsuǒ	chuàngzuò
骨髓	概括	拐弯儿	配套	玻璃	探索	创作
hòugēnr	quántǐ	chūnguāng	yùndòng	shénjīngzhì	ángshǒu	shuāibiàn
后跟儿	全体	春光	运动	神经质	昂首	衰变
dǐhuǐ	hēi'àn	wāku	fāpiào	pínqióng	yīmùliǎorán	
诋毁	黑暗	挖苦	发票	贫穷	一目了然	

模拟试题 2 答案

一、读单音节字词（100 个音节），限时 3.5 分钟，共 10 分

错误扣分		缺陷扣分		第一题扣分	

yuè	zhuā	táo	shuǐ	yān	hàn	liáo	nà	áng	pǐn
岳	抓	桃	水	淹	憾	辽	纳	昂	品
fàn	měi	cè	běi	jiē	guǎi	fèi	nuǎn	wài	pén
饭	美	侧	北	揭	拐	费	暖	外	盆
xià	yāng	páo	sāi	cí	tǒng	lüè	cuān	kuò	fēng
夏	秧	袍	鳃	磁	统	掠	蹿	廓	峰
jí	tuì	qī	chuí	fèn	lǔ	dòu	huān	kěn	qiā
急	蜕	漆	垂	份	卤	痘	欢	垦	掐
jiǒng	bá	Lǒng	zhuī	shuǎng	dēng	zéi	gàn	tiǎn	jú
窘	拔	陇	椎	爽	蹬	贼	赣	舔	局
zěn	wā	héng	sǐ	niáng	shòu	yǒu	tū	níng	shā
怎	挖	衡	死	娘	兽	友	凸	凝	杀
xián	guāng	qù	sūn	dǎo	bō	kě	ōu	miào	diū
衔	光	去	孙	蹈	波	渴	鸥	庙	丢
rì	mó	cài	xuǎn	ràng	bī	xiù	cāng	chǐ	diē
日	膜	蔡	选	让	逼	袖	仓	尺	跌
chóu	rǔ	xióng	mài	hé	biǎn	nóng	zèng	yuán	jūn
绸	汝	雄	迈	领	贬	农	赠	原	均
wǒ	píng	zhǔn	qún	chāo	zé	zhài	qín	zhǔ	èr
我	平	准	群	抄	责	寨	秦	嘱	二

二、读多音节词语（100 个音节），限时 2.5 分钟，共 20 分

错误扣分		缺陷扣分		第二题扣分	

quánshēn	duàncéng	yǔnxǔ	zhàng'ài	xiǎowèngr	huàirén	yúkuài
全身	断层	允许	障碍	小瓮儿	坏人	愉快

dǎsuàn	láilín	mièwáng	réngrán	nüèdài	fāngfǎlùn	cuòzhé
打算	来临	灭亡	仍然	虐待	方法论	挫折
yāpò	zhìjīn	jiǎnqīng	zuì'è	liǎnpánr	jiàoxun	qiāndìng
压迫	至今	减轻	罪恶	脸盘儿	教训	签订
gàosu	hēiyè	chànggē	píjuàn	diànhuà	kǒuwěn	bīnguǎn
告诉	黑夜	唱歌	疲倦	电话	口吻	宾馆
wùjià	gōngnǚ	huāngmiù	sīxiǎng	qióngkǔ	tiāoti	cóngróng
物价	宫女	荒谬	思想	穷苦	挑剔	从容
zhēnchá	zuòyòng	wánshuǎ	chuāngzi	gěiyǐ	nánbànqiú	zhòngliàng
侦查	作用	玩耍	窗子	给以	南半球	重量
mìzǎor	cuīhuǐ	fóxué	tèbié	mìnglìng	zhōu'érfùshǐ	
蜜枣儿	摧毁	佛学	特别	命令	周而复始	

模拟试题 3 答案

一、读单音节字词(100 个音节),限时 3.5 分钟,共 10 分

错误扣分		缺陷扣分		第一题扣分		

yún	kāng	xióng	chě	lài	bǎn	láo	rēng	huà	móu
云	糠	雄	扯	癞	板	劳	扔	桦	眸
guǒ	fèn	chāo	duò	nǚ	chuí	nǎi	guì	suǒ	wén
果	份	钞	跺	女	捶	奶	跪	锁	文
yǐn	sōu	fǎ	qún	gōu	ná	ǒu	zhuā	áng	pèng
尹	搜	法	群	沟	拿	呕	抓	昂	碰
yuē	zéi	lüè	gǎn	dào	tiān	jǐng	piāo	tàn	dōng
曰	贼	掠	秆	稻	添	景	飘	探	东
qǐ	gē	miǎo	tuì	zhǎ	bìn	hūn	róng	wāi	tuán
起	歌	秒	退	眨	鬓	昏	容	歪	团
xù	zhēng	yí	diē	fèi	yuán	rǔ	qiū	sú	jù
叙	蒸	仪	跌	费	源	汝	秋	俗	剧
zǐ	jiā	zhì	cí	xià	qiāng	shuǎng	jiàn	kǒng	xiāng
子	家	治	磁	夏	腔	爽	舰	孔	箱
miǎn	kào	sǎng	zòng	Wǎn	jiāo	bèn	diū	piàn	mó
免	靠	嗓	纵	皖	跤	笨	丢	骗	膜
wāng	shǔ	qióng	cū	shuǎi	liè	bó	rùn	níng	bī
汪	署	穷	粗	甩	烈	驳	闰	凝	逼
ér	cèng	pái	tiào	xuǎn	háng	shā	lí	huǐ	chí
而	蹭	牌	跳	选	航	纱	犁	毁	持

二、读多音节词语(100个音节),限时 2.5 分钟,共 20 分

错误扣分		缺陷扣分		第二题扣分	

értóng 儿童	chūquānr 出圈儿	kuángxiào 狂笑	jiēqià 接洽	shíhou 时候	zūnshǒu 遵守	zhènyā 镇压
shuāxīn 刷新	méicír 没词儿	jūnduì 军队	liǎngbiān 两边	yòunián 幼年	sāhuǎng 撒谎	qínghuái 情怀
zhǔrénwēng 主人翁	lànyòng 滥用	màijìn 迈进	nóngcūn 农村	jiǒngpò 窘迫	yángguāng 阳光	biāoyǔ 标语
héliú 河流	fēngshèng 丰盛	xuézhě 学者	bèiwōr 被窝儿	tú'àn 图案	kuīsǔn 亏损	shétou 舌头
cānguān 参观	fódiǎn 佛典	kuàijì 会计	gēngzuò 耕作	xùnliàn 训练	kuāzhāng 夸张	mìzǎor 蜜枣儿
gāoshàng 高尚	gòngchǎndǎng 共产党	píjuàn 疲倦	rènao 热闹	pǐnzhǒng 品种	nüèdài 虐待	hǎozhuǎn 好转
sìliào 饲料	piēkāi 撇开	dàniáng 大娘	qūfú 屈服	rìchéng 日程	fāngxīngwèi'ài 方兴未艾	

参 考 文 献

[1]王晖.普通话水平测试阐要[M].北京:商务印书馆,2013.

[2]吴弘毅.普通话语音和播音发声[M].2版.北京:北京广播学院出版社,2001.

[3]武汉语言文字培训测试中心.计算机辅助普通话水平测试训练手册[M].武汉:武汉出版社,2014.

[4]北京市语言文字工作委员会办公室.普通话水平测试指导用书[M].北京:商务印书馆,2005.

[5]林鸿.普通话语音与发声[M].杭州:浙江大学出版社,2006.

[6]湖北省普通话水平测试研究组,湖北省普通话培训研究中心.湖北省普通话水平测试专用教材[M].北京:中国和平音像电子出版社,2015.

[7]邢福义.普通话培训测试指要(机辅测试版)[M].3版.武汉:华中师范大学出版社,2014.

[8]中公教育普通话水平测试研究中心.普通话水平测试专用教材[M].北京:世界图书出版公司,2015.

参考文献